新一代人工智能2030全景科普丛书

智能汽车

第四次工业革命的时代标志

贠　强　李　乔　王石峰　编著

科学技术文献出版社
SCIENTIFIC AND TECHNICAL DOCUMENTATION PRESS
·北京·

图书在版编目（CIP）数据

智能汽车：第四次工业革命的时代标志 / 贠强，李乔，王石峰编著. —北京：科学技术文献出版社，2020. 9

（新一代人工智能2030全景科普丛书 / 赵志耘总主编）

ISBN 978-7-5189-6129-0

Ⅰ. ①智… Ⅱ. ①贠… ②李… ③王… Ⅲ. ①智能控制—汽车工业—产业发展—研究—中国 Ⅳ. ① F426.471

中国版本图书馆 CIP 数据核字（2019）第 224071 号

智能汽车——第四次工业革命的时代标志

策划编辑：李　蕊　　责任编辑：张　红　　责任校对：文　浩　　责任出版：张志平

出 版 者　科学技术文献出版社
地　　址　北京市复兴路15号　邮编　100038
编 务 部　（010）58882938，58882087（传真）
发 行 部　（010）58882868，58882870（传真）
邮 购 部　（010）58882873
官方网址　www.stdp.com.cn
发 行 者　科学技术文献出版社发行　全国各地新华书店经销
印 刷 者　北京时尚印佳彩色印刷有限公司
版　　次　2020 年 9 月第 1 版　2020 年 9 月第 1 次印刷
开　　本　710 × 1000　1/16
字　　数　223千
印　　张　15
书　　号　ISBN 978-7-5189-6129-0
定　　价　65.00元

总 序

人工智能是指利用计算机模拟、延伸和扩展人的智能的理论、方法、技术及应用系统。人工智能虽然是计算机科学的一个分支，但它的研究跨越计算机学、脑科学、神经生理学、认知科学、行为科学和数学，以及信息论、控制论和系统论等许多学科领域，具有高度交叉性。此外，人工智能又是一种基础性的技术，具有广泛渗透性。当前，以计算机视觉、机器学习、知识图谱、自然语言处理等为代表的人工智能技术已逐步应用到制造、金融、医疗、交通、安全、智慧城市等领域。未来随着技术不断迭代更新，人工智能应用场景将更为广泛，渗透到经济社会发展的方方面面。

人工智能的发展并非一帆风顺。自 1956 年在达特茅斯夏季人工智能研究会议上人工智能概念被首次提出以来，人工智能经历了 20 世纪 50—60 年代和 80 年代两次浪潮期，也经历过 70 年代和 90 年代两次沉寂期。近年来，随着数据爆发式的增长、计算能力的大幅提升及深度学习算法的发展和成熟，当前已经迎来了人工智能概念出现以来的第三个浪潮期。

人工智能是新一轮科技革命和产业变革的核心驱动力，将进一步释放历次科技革命和产业变革积蓄的巨大能量，并创造新的强大引擎，重构生产、分配、交换、消费等经济活动各环节，形成从宏观到微观各领域的智能化新需求，催生新技术、新产品、新产业、新业态、新模式。2018 年麦肯锡发布的研究报告显示，到 2030 年，人工智能新增经济规模将达 13 万亿美元，其对全球经济增长的贡献可与其他变革性技术如蒸汽机相媲美。近年来，世界主要发达国家已经把发展人工智能作为提升其国家竞争力、维护国家安全的重要战略，并进行针对性布局，力图在新一轮国际科技竞争中掌握主导权。

德国2012年发布十项未来高科技战略计划，以“智能工厂”为重心的工业4.0是其中的重要计划之一，包括人工智能、工业机器人、物联网、云计算、大数据、3D打印等在内的技术得到大力支持。英国2013年将“机器人技术及自治化系统”列入了“八项伟大的科技”计划，宣布要力争成为第四次工业革命的全球领导者。美国2016年10月发布《为人工智能的未来做好准备》《国家人工智能研究与发展战略规划》两份报告，将人工智能上升到国家战略高度，为国家资助的人工智能研究和发展划定策略，确定了美国在人工智能领域的七项长期战略。日本2017年制定了人工智能产业化路线图，计划分3个阶段推进利用人工智能技术，大幅提高制造业、物流、医疗和护理行业效率。法国2018年3月公布人工智能发展战略，拟从人才培养、数据开放、资金扶持及伦理建设等方面入手，将法国打造成在人工智能研发方面的世界一流强国。欧盟委员会2018年4月发布《欧盟人工智能》报告，制订了欧盟人工智能行动计划，提出增强技术与产业能力，为迎接社会经济变革做好准备，确立合适的伦理和法律框架三大目标。

党的十八大以来，习近平总书记把创新摆在国家发展全局的核心位置，高度重视人工智能发展，多次谈及人工智能重要性，为人工智能如何赋能新时代指明方向。2016年8月，国务院印发《“十三五”国家科技创新规划》，明确人工智能作为发展新一代信息技术的主要方向。2017年7月，国务院发布《新一代人工智能发展规划》，从基础研究、技术研发、应用推广、产业发展、基础设施体系建设等方面提出了六大重点任务，目标是到2030年使中国成为世界主要人工智能创新中心。截至2018年年底，全国超过20个省市发布了30余项人工智能的专项指导意见和扶持政策。

当前，我国人工智能正迎来史上最好的发展时期，技术创新日益活跃、产业规模逐步壮大、应用领域不断拓展。在技术研发方面，深度学习算法日益精进，智能芯片、语音识别、计算机视觉等部分领域走在世界前列。2017—2018年，中国在人工智能领域的专利总数连续两年超过了美国和日本。在产业发展方面，截至 2018 年上半年，国内人工智能企业总数达 1040 家，位居世界第二，在智能芯片、计算机视觉、自动驾驶等领域，涌现了寒武纪、旷视等一批独角兽企业。在应用领域方面，伴随着算法、算力的不断演进和提升，越来越多的产品和应用落地，比较典型的产品有语音交互类产品（如智能音箱、智能语音助理、智能车载系统等）、智能机器人、无人机、无人驾驶汽车等。人工智能的应用范围则更加广泛，目前已经在制造、医疗、金融、教育、安防、商业、智能家居等多个垂直领域得到应用。总体来说，目前我国在开发各种人工智能应用方面发展非常迅速，但在基础研究、原创成果、顶尖人才、技术生态、基础平台、标准规范等方面，距离世界领先水平还存在明显差距。

1956 年，在美国达特茅斯会议上首次提出人工智能的概念时，互联网还没有诞生；今天，新一轮科技革命和产业变革方兴未艾，大数据、物联网、深度学习等词汇已为公众所熟知。未来，人工智能将对世界带来颠覆性的变化，它不再是科幻小说里令人惊叹的场景，也不再是新闻媒体上“耸人听闻”的头条，而是实实在在地来到我们身边：它为我们处理高危险、高重复性和高精度的工作，为我们做饭、驾驶、看病，陪我们聊天，甚至帮助我们突破空间、表象、时间的局限，见所未见，赋予我们新的能力……

这一切，既让我们兴奋和充满期待，同时又有些担忧、不安乃至惶恐。就业替代、安全威胁、数据隐私、算法歧视……人工智能的发展和大规模应用也会带来一系列已知和未知的挑战。但不管怎样，人工智能的开始按钮已经按下，而且将永不停止。管理学大师彼得·德鲁克说：“预测未来最好的方式就是创造未来。”别人等风来，我们造风起。只要我们不忘初心，为了人工智能终将创造的所有美好全力奔跑，相信在不远的未来，人工智能将不再是以太网中跃动的字节和 CPU 中孱弱的灵魂，它就在我们身边，就在我们眼前。“遇见你，便是遇见了美好。”

新一代人工智能 2030 全景科普丛书力图向我们展现 30 年后智能时代人类生产生活的广阔画卷，它描绘了来自未来的智能农业、制造、能源、汽车、物流、交通、家居、教育、商务、金融、健康、安防、政务、法庭、环保等令人叹为观止的经济、社会场景，以及无所不在的智能机器人和伸手可及的智能基础设施。同时，我们还能通过这套丛书了解人工智能发展所带来的法律法规、伦理规范的挑战及应对举措。

本丛书能及时和广大读者、同仁见面，应该说是集众人智慧。他们主要是本丛书作者、为本丛书提供研究成果资料的专家，以及许多业内人士。在此对他们的辛苦和付出一并表示衷心的感谢！最后，由于时间、精力有限，丛书中定有一些不当之处，敬请读者批评指正！

赵志耘

2019 年 8 月 29 日

推荐序 1

当前，人工智能技术方兴未艾，AlphaGo 将人工智能用最生动的方式展示到大众面前，而语音识别、图像识别、AI 客服、AI 医疗、AI 金融服务、智能安防、智能制造等正在改变我们的日常生活。全社会也正从“互联网 +”向“人工智能 +”方向转变，从对信息流转方式的改变升级为对业务流程及人机交互方式的颠覆。

人工智能具有溢出带动性很强的“头雁效应”，其所能发挥的效果取决于具体落地场景，而智能汽车就是人工智能应用最重要的领域之一。一方面，智能汽车可以提供海量的数据，每辆车每天产生的数据将以 TB 计，为人工智能提供近乎无限的数据喂养，加速智能化水平的提升；另一方面，考虑到超过 90% 的交通事故是由于人为失误引发，通过人工智能辅助甚至替代人类司机，将极大地提升交通出行的安全性和效率，其社会价值不可估量。而未来，人工智能技术将以智能汽车为核心节点，构建智能交通与智慧城市体系，改变人类生活。

在智能汽车领域，可以看到 Google、百度、Uber、滴滴、NVIDIA、华为等各类人工智能和 ICT 公司活跃的身影，人工智能技术正在加速与汽车产业的融合。虽然完全无人驾驶还不能马上到来，但人工智能正在从限定的场景和功能中逐步成长，而未来一旦数据积累突破临界点，势必迎来技术的爆发，让我们拭目以待，并迎接完全智能驾驶的到来。

本书是一本不可多得的智能汽车科普类图书。如果想了解智能汽车的发展历史，想知道智能汽车如何“看”到周围环境；想探询智能汽车如何“思考”，想明晰智能汽车如何像老司机一样熟练地应对各类交通场景，相信本书一定会给你一个满意的答案。同时，本书没有限于对智能汽车自身的探讨，还从城市、能源、通信、商业逻辑等各个角度阐释智能汽车将给世界带来的改变，提供更多了解智能汽车的视角，相信读者也一定会大有收获。

中国工程院院士
英国皇家工程院院士
第十届全国政协委员
世界电动车协会主席
亚太电动车协会主席

2019 年 11 月 6 日

推荐序 2

汽车产业是现代制造业的集大成者，历次工业革命都在汽车上得到里程碑式的应用。工业 1.0 推动汽车的诞生，扩展人类生活半径；工业 2.0 改变生产方式，让汽车进入家庭；工业 3.0 加速机电一体化进程，并迎来能源方式的变革；而以信息物理融合系统为特征的工业 4.0 融合了人工智能和新一代信息技术，让车辆插上智能化与信息化的翅膀，使汽车成为数字信息世界的全新空间载体。

以电动化、智能化、网联化、共享化为特征的"新四化"正在给汽车产业带来颠覆性的变革。新型传感器、自动驾驶计算平台、操作系统、云计算、大数据等新技术在汽车上加速应用，使汽车由机电一体化产品转变为新一代智能终端平台；信息通信、人工智能等行业与汽车产业的深度融合打破了传统垂直产业链结构，并赋予汽车复杂感知、连接互通、智能决策能力。在应用层面，自动驾驶出租车、商用车编队行驶、园区通勤车、低速物流配送车、停车场自动泊车等应用层出不穷，历史上第一次真正解放人类驾驶员；众多汽车企业着手向出行服务商转型，出行及服务理念改变汽车经典商业模式，抑或致力于成为车路云一体化算法供给商，用软件重新定义汽车。总体来看，智能化、网联化新技术浪潮正在席卷汽车业，百年汽车产业也将迎来新的辉煌。

当前，人工智能与信息通信技术方兴未艾，全球新一轮科技革命和产业变革蓄势待发。作为新技术应用的最佳载体，智能汽车将辐射带动诸多产业协同发展，重塑汽车及相关产业形态和价值链体系，进而改变出行理念和城市生态。世界主要汽车强国均将智能汽车作为发展重点，并通过探索发展路径、优化政策法规、开放道路测试、实践示范验证等方式加速其技术成熟。建设智能汽车强国，不仅是我国产业发展的需要，更重要的，智能汽车背后的数据安全与信息安全将来决定了我国技术产业升级的步伐，保证产业的自主可控。

智能汽车的发展大势已经不可逆转，我国正通过打造创新主体、营造创新环境、鼓励示范应用等方式谋划产业发展，也已经在技术标准、网联应用、高精度地图采集和基础平台建设等领域具有一定基础。当然，我们还要清醒地认识到，智能汽车最终还是要得到终端使用者的认可和接受，由于现阶段宣传普及不足，也缺乏成熟可信赖的典型应用，广大民众对智能汽车仍存疑惑。作为新一代人工智能 2030 全景科普丛书之一，本书的出版恰逢其时，作者用通俗易懂的方式展示了智能汽车的发展脉络，全面生动地描绘了当前智能汽车发展的全景图谱，并直面问题阐释未来发展方向。相信通过本书的出版，将进一步提高社会公众对新技术、新应用的认知度，为智能汽车发展营造更好环境。

清华大学 李克强

前　言

科幻作家韩松认为，交通工具代表了人类最根本的梦想：突破空间和时间的约束。从人类十万年前依靠双腿走出非洲，到四千年前驾驭马匹，再到今天对超级高铁（Hyperloop）、飞行背包和悬浮滑板的前瞻探索，甚至未来实现“量子隐形传送”的幻想，可以说人类从未停止过对行动自由的追求。在此过程中既有充满空想浪漫主义的天才设计，如达·芬奇构想的“直升机”和“自驱车”，也有简单实用主义的大胆实践，如荷兰人西蒙·斯蒂芬制造的“双桅帆车”，但唯有一次次的科技革命才能将人类的这些梦想一个个变为现实。

第一次工业革命使人类首次拥有了蒸汽机提供的机械动力，发明了火车、汽车和轮船，从此人类摆脱了牛、马或风力的限制；第二次工业革命人类发明了内燃机，掌握了电力，现代汽车工业和航空工业开始迅猛发展，人们的行动自由度大幅提高；第三次工业革命人类发明了计算机和互联网，借助信息技术现代电动汽车得以东山再起，使人类看到了摆脱化石能源桎梏的希望。2016 年，克劳斯·施瓦布在世界经济论坛上提出：“人工智能和物联网等技术将带来人类、事物和空间等连接一切的‘超链接社会’，引发第四次工业革命，并从根本上改变我们目前的生活和工作方式。”当前，由于机器学习和深度学习技术的突破，借助摄像头和激光雷达等传感器，汽车将第一次具备媲美人类的环境感知能力；借助 5G 通信和物联网技术，汽车将第一次具备远超人类的与周围车辆、基础设施及行人之间信息交互的能力；借助导航卫星和高精地图，汽车将第一次具备史无前例的高精定位和自主导航的能力；借助云计算和边缘计算，汽车将第一次具备比人类更冷静的自主思考和行动的能力。而这一些均意味着，在交通工具方面，第四次工业革命即将催生一个全新的物种——智能汽车。

今天在大多数人看来，无人驾驶汽车多少还带有些科幻的色彩，有些神秘的气质，不太相信在不远的将来它真的会成为我们现实生活中的一部分，更无法想象它会给我们的生活和工作带来怎样的变化。正因如此，本书试图从普通大众，而非专业人士的角度对智能汽车的概念提出、技术发展、产业现状和未来影响等内容进行深入浅出的解读。

2019 年被称为自动驾驶的寒冬：蔚来汽车的北美自动驾驶团队宣布裁员 141 人；激光雷达巨头 Velodyne 宣布退出中国市场；以色列激光雷达初创公司 Oryx Vision 正式关停；戴姆勒宣布对旗下自动驾驶出租车项目展开“现实可行性核查”；通用汽车旗下的 Cruise 宣布将推迟原定于 2019 年正式执行的自动驾驶商业计划；福特旗下的 Argo.AI 表示不会推出无人驾驶出租车项目，他们将会探索其他业务模式；即使是 Waymo 这样的资深玩家，其 CEO 也表示自动驾驶“真的很难”。

但我们仍然相信，“冬天来了，春天还会远吗？”

2019 年 11 月 20 日

目　录

第一章

智能汽车：梦想照进现实

第一节　达·芬奇的无人自驱车

尽管1886年被公认为是现代汽车诞生的元年，以德国人卡尔·本茨（Carl Benz）设计制造出世界上第一辆装有汽油内燃机的三轮汽车为标志，但实际上，人类试图设计出一种无须人驾驶并能够自驱前进的车辆的时间还要早很多。在汽车还没有诞生之时就产生了设计无人自驱车辆的想法，这么大的脑洞最早是谁开的呢？

达·芬奇！没错，就是那个传说中画鸡蛋的意大利天才。作为历史上最著名的画家之一、文艺复兴的代表人物，达·芬奇为后世留下了许多伟大的艺术瑰宝，如《蒙娜丽莎》和《最后的晚餐》等。事实上，达·芬奇的成就绝非仅限于绘画艺术，其在科学和工程领域的非凡成就与他的艺术作品一样令人难忘与突出。他被认为是一个有着“不可遏制的好奇心”和“极其活跃的创造性想象力”的人。按照艺术史学者海伦·加德纳的说法，“他的兴趣到达了一个前所未有的范围和深度，而且他的思想和人格似乎是远远超出常人的。”他具有超越时代的广泛构思，其中著名的概念性发明有直升机、机关枪、机器人、坦克、无级自动变速器、计算器、双层壳，他甚至还勾勒出了板块构造论的基本理论框架。爱因斯坦曾表示，“达·芬奇的科技成果如果在当时就发表的话，人类的科技可能提前 30 ~ 50 年。”

在达·芬奇的手稿中，人们发现了一张他在1483年绘制的一张飞行器的草图。草图中的飞行器以弹簧为旋转动力，当达到一定转速时就可以把机体带到空中，而站在底盘上的驾驶员则可以通过拉动钢丝绳控制飞行的方向。这个飞行器的设计原理被后来的科学家证实是可行的，如果当时有足够强有力的马达作为动力，以及轻巧而结实的材料作为机身，这个 500 多年前的“直升机”就可以飞起来了。但世界上第一个载人直升机直到 1907 年才由法国工程师保罗·科努研制成功。这是一种被称为“达·芬奇难题”(Da Vinci Problem)的现象，指的是发明家设计了一种还不能应用的科技产品，之所以不能应用不是因为理论有问题，而是因为关键性的使能技术还未出现。

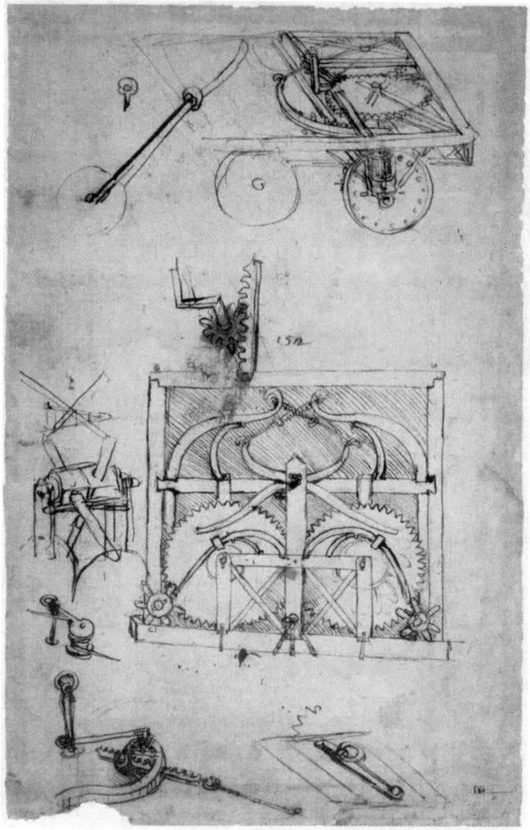

图 1-1 达·芬奇构想的无人自驱车手绘

1478 年左右，26 岁的达·芬奇创作了这张被认为是现代汽车雏形的手绘图（图 1-1）。达·芬奇设计的是一个木结构的车，以桶状弹簧发条为动力，带动齿轮转动，齿轮上安装有一个个月牙状的减速板，弹簧碰到这些减速板时，带动齿轮将速度降下来。据猜测，这辆自动车最初可能是为了米兰宫廷内某个戏剧设计的舞台道具。它可以选择沿直线或曲线路径移动，当石弓装置松开时，能量即会经由弹簧传送到链接车轮的齿轮。另外，后轮设有的差动齿轮，能满足其独立转动，这样它便可以在没人推动的情况下在舞台上自由移动了。

2004年，佛罗伦萨一家博物馆按照达·芬奇的手绘图制造了一辆无人自驱车，结果他们发现这个机械装置竟然完全能按达·芬奇预想的那样工作（图1–2）。在2015—2016年，这辆自动车曾随“天才达·芬奇展”在全球50多个城市展出过。

在汽车尚未被发明的时代，无人自驱车还只能是一个停留在图纸上的达·芬奇难题。但它开启了人类无人驾驶的梦想！

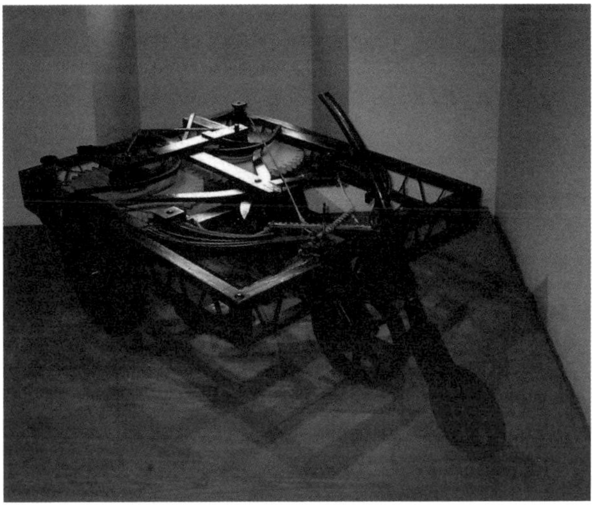

图1–2　根据达·芬奇手绘图复原的无人自驱车

第二节　无人驾驶汽车的浪漫主义萌芽

1925年8月，世界上第一辆“无人驾驶汽车”在纽约街头进行了公开展示。这辆名为American Wonder（美国奇迹）的无人驾驶汽车是由美国陆军前电气工程师弗兰克·P. 霍迪纳（Francis P. Houdina）创造的，他也是霍迪纳无线电控制公司（The Houdina Radio Control Co.）的创始人。霍迪纳在一辆钱德勒公司生产的敞篷轿车上装配了发射天线，用于接收无线电信号并操作小型电动马达，从而控制车辆的速度和方向（图 1–3）。一名机组人员在第二辆紧随其后的汽车上控制着前面的钱德勒轿车。1925 年夏天，American Wonder 沿着纽约市的百老汇穿过繁忙的第五大道，向人们演示了自动转向、加速、减速和鸣笛等功能。不幸的是，后来 American Wonder 撞上另一辆报道该活动的摄影车，演示被迫结束。

图 1–3 American Wonder 公开演示

American Wonder 的“无人驾驶”是打了引号的无人驾驶，其“无人”仅为“车上无人”，但是还需要人来控制，严格意义上来说，它应该叫作“遥控驾驶”。虽然如此，这辆车还是在当时引起了很多人的兴趣，后来还分别于 1926 年在密尔沃基和 1932 年在弗雷德里克斯堡做了展示。

现代意义上的自动驾驶汽车的概念是通用汽车公司率先在 1939 年的纽约世博会上提出来的。世博会占地 1200 英亩[①]，展出了众多令人兴奋不已的前沿技术，如电视机、电子路灯、荧光灯，以及自动洗衣机。通用汽车公司展示了一

① 因国外语言习惯，本书仍沿用部分英制单位，如英亩、英里、英尺等。

个名为“Futurama”（未来世界）的作品，即一个自动化高速公路的沙盘模型（图1-4）。“未来世界”以美国的一个典型城镇为背景，构建了一个未来现代化的城市模型。参观者坐在可以自动移动的座椅上欣赏这个迷你世界的动人景色。“未来世界”的解说词则为人们生动地讲述着未来梦幻般的幸福生活：普通人也可以享受便利的出行，所依托的就是在自动化高速公路上行驶的汽车，它们统一由一套无线电控制系统管理着。按照通用汽车公司的设想，到1960年的时候，所有人类驾驶员就都会变成休闲的乘客，无线电控制的汽车会自行引导驶进驶出自动化的公路，将人们从家里送到公司、机场或者任何人们想去的地方，既安全舒适又经济便利。

图1-4　1939年纽约世博会上的通用汽车Futurama模型

1940年，“未来世界”展览的设计师诺尔曼·贝尔·盖迪斯（Norman Bel Geddes）在他的新书*Magic Motorways*中进一步阐述了他的观点——人类应该从驾驶中脱离出来，“解放双手，解放双脚”。他认为1939年“未来世界”展览之所以备受大众的追捧，原因在于人们渴望汽车带来的隐私性和出行便利，但又讨厌为此而付出的代价，如拥堵的路口、烦人的喇叭、误导人的路标，以及频发的交通事故。人们渴望能有个明智的解决之道，让他们摆脱这种近乎盲目自杀的混乱行为。

1953 年，美国无线电公司（Radio Corporation of America，RCA）按照盖迪斯的设想成功地研制了一辆微型汽车，它由按一定模式铺设在地板里的电线进行导航和控制。

1956 年，通用汽车与 RCA 合作，正式对外展出了 Firebird Ⅱ概念车，这是世界上第一辆配备了汽车自动导航系统的概念车。它使用了钛金属技术、电源盘式制动器、磁点火钥匙、独立控制的燃气涡轮动力等新概念，看上去像是一辆“火箭车”（图 1–5）。

1958 年，第三代 Firebird 问世，并成功在内布拉斯加州林肯市外的高速公路上进行了 400 英尺的真实路况、全尺寸汽车试验。英国 BBC 现场直播了该次无人驾驶汽车试验。试验的成功让当时的人们很看好这种方法的前景，并且引起了许多公司的注意。例如，中部电力与照明公司（Central Power and Light Company）就曾在很多报纸上刊登广告介绍无人驾驶汽车：“有一天你和你的爱车会疾驰在一条电子超级高速公路上，它的速度和方向由嵌入公路里的电子设备自动控制。高速公路将会变得非常安全——没有拥堵、没有碰撞、没有疲劳……”当时人们预计这一切将在 1975 年变为现实。

图 1–5　通用汽车公司第一代到第三代 Firebird 自动车

20 世纪 30 年代，为减轻驾驶员长时间飞行疲劳，飞机开始使用三轴稳定的自动驾驶仪（autopilot）来保持平直飞行。前后近 20 年间，飞机的操纵模式有了大幅提升，这让大家对交通工具的运行模式有了更多的遐想。事实上，通用汽车在 20 世纪 50 年代推出自动驾驶概念车也与当时正在发生的飞机变革有关。彼时，科学家希望在自动驾驶仪中引入角速率信号，制成阻尼器或增稳系统，以此来改善飞机的稳定性。由于飞机的转型成功，当时的人们坚信在不久的将来，汽车也会像飞机一样，能从手动操控发展到初级自动保持平直行驶，甚至实现全域的自动控制变革。

要说明的是，虽然当时发展自动驾驶（特别是飞机）的主要目的是缓解驾驶者疲劳，但对于汽车来说，至少在 20 世纪 50 年代及以前，人们对自动驾驶的憧憬依然保持在很纯粹的阶段。它能带来多大的便利并不是关键，实现它也不是迫在眉睫。当时人们满脑子想的是，他们对科技的狂热终于有地方得到释放，赚不赚钱不要紧，放飞想象，开心最好。因此，我们将其称为无人驾驶汽车的浪漫主义萌芽。

第三节　无人驾驶汽车的第一次浪潮

20 世纪初期，虽然霍迪纳制造的无线电遥控汽车和通用汽车研发的自动化公路点燃了人们对无人驾驶汽车的热情，但是限于当时的科技发展水平，无人驾驶还只能停留在概念车的阶段，被当作广告噱头到处展览而无法走进现实应用。

20 世纪 70 年代左右，由于集成电路、计算机及卫星定位等技术的快速发展和逐渐成熟，无人驾驶汽车的研究开始获得长足进步，并掀起了一波浪潮。

1966 年，世界上第一个具有完整感知、规划和控制能力的机器人 Shakey 在斯坦福研究院（Stanford Research Institute，SRI）人工智能研究中心诞生。Shakey 装备了电视摄像机、三角测距仪、碰撞传感器、驱动电机及编码器，并通过无线通信系统由两台计算机进行控制（图 1–6）。它可以看见和感觉到出现在它前面的物体，能够独立调整路径，避开障碍物，开创了自动导航的先河。Shakey 有着至关重要的地位，这是因为它是 20 世纪 60 年代开始进行的少数几个重要的人工智能项目之一，它引发了人工智能早期工作的“大爆炸”。直到今天，人们仍然可以从工业机器人、无人驾驶汽车、Siri 智能助手等产品身上找到 Shakey 的影子。

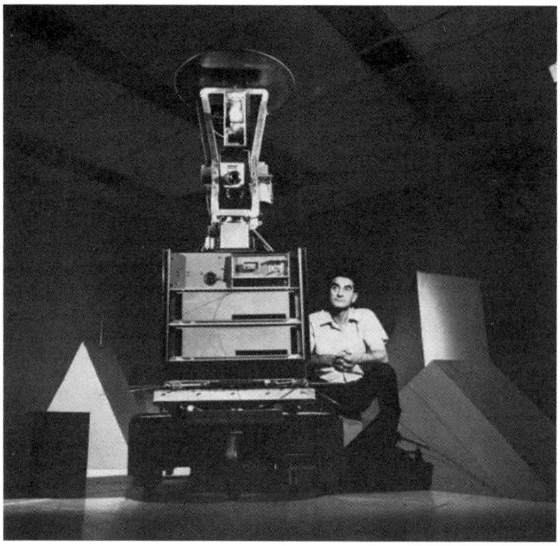

图 1–6　开创自动导航先河的 Shakey 机器人

1973 年，为支持月球车的研发，斯坦福大学人工智能实验室的汉斯·莫拉维克（Hans Moravec）开始了“斯坦福车”（Stanford Cart）的研究。1979 年 10 月，Stanford Cart 借助车载摄像机在没有人为干预的情况下成功地在一个充满障碍物的室内实现了自主行驶。试验表明，该系统的运行是可靠的，但速度非常非常慢（图 1–7）。小车每 10 ~ 15 分钟向前移动 1 米，然后它需要停下来拍一些照片，并思考很久直到它计划好一条新路径。接着它会再向前移动 1 米，并再次暂停。最终它花费了 5 个小时成功通过了一条 20 米长的设置有 3 ~ 4 处障碍的跑道。

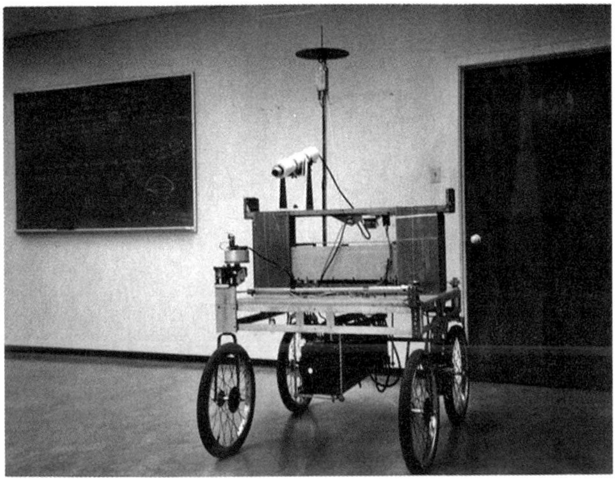

图 1-7　斯坦福车（Stanford Cart）

1977 年，日本筑波机械工程实验室开发出了第一个基于摄像头来检测前方环境的无人驾驶汽车（图 1-8）。通过车内配备的两个摄像头，而不是依赖埋在道路里面的电磁轨道设备，这辆车能够以 30 km/h 的速度跟随白色的路标实现自动驾驶。这是目前所知的最早开始使用视觉设备进行无人驾驶的尝试。这意味着人们开始从“视觉”角度思考无人驾驶的问题，由此翻开了无人驾驶汽车研究的新篇章。

图 1-8　日本筑波机械工程实验室研发的无人驾驶汽车

1983年，美国国防部高级研究计划局（DARPA）启动了名为“战略计算倡议”（Strategic Computing Program，SCP）的研究计划，主要研究内容之一是“自主陆地车辆”（Autonomous Land Vehicle，ALV）项目。这是第一个用于军用目的的地面无人系统技术研究项目，DARPA 制定了详细的年度规划。

① 1985 年：道路跟踪试验，车辆以 10 km/h 的速度行驶在铺好的公路上，不设置障碍。

② 1986 年：避障试验，车辆以 20 km/h 的速度行驶，能识别和避开固定障碍物。

③ 1987 年：越野路线规划试验，规划车辆行驶路线，并以 15 km/h 的速度通过开阔的沙漠地带。

④ 1988 年：公路网路线规划及避障试验，规划车辆行驶路线，并实现以 20 km/h 的速度借助路标导航行驶于公路网上，以及完成地图校正和从路边绕过障碍物。

ALV 项目采用 8 轮全地形车辆作为验证平台，使用了惯性导航系统、超声波传感器、多普勒雷达、彩色视频摄像机和激光扫描仪（图 1–9）。ALV 项目研究持续了 5 年，由于成果有限及国会削减经费而被迫中止。

图 1–9　ALV 项目全地形验证车

1984 年，卡内基·梅隆大学（Carnegie Mellon University，CMU）开始了无人驾驶汽车的研究探索。1986 年 CMU 制造出一款原型车——Navlab-1，具有完成图像处理、图像理解、传感器信息的融合、路径规划和本体控制等功能。NavLab-1 的传感器主要包括彩色摄像机、陀螺、ERIM 激光雷达、超声传感器、光电编码器和 GPS 等，在 CMU 校园网道路运行速度为 12 km/h。在此之后，CMU 开始将研发重点放在更细致的自动驾驶车行为决策上，即让车辆“表现得更像人类司机”。这意味着，自动驾驶车不只是考虑“避障和行进”那么简单，而是需要结合更多的场景和分析做出判断。这是非常关键的进步，因为它使得无人驾驶汽车从简单的周围环境感知和追踪，发展成对周边车辆的动态反应。1989 年，一辆改装的陆军救护车——ALVINN（autonomous land vehicle in a neural network）研发成功，它是首辆运用神经网络（neural network）控制的陆地无人驾驶汽车。ALVINN 拥有每秒钟百万级别的浮点运算能力，是 Apple Watch 计算能力的 1/10。这辆车的中央处理器（CPU）有一个冰箱那么大，依靠 5000 W 的发电机进行供电。尽管如此，ALVINN 的速度已经可以达到 70 km/h 了。

1995 年，CMU 的第五代无人驾驶汽车 NavLab-5 完成了从匹兹堡到洛杉矶“不动手”穿越全美的旅行，行程超过 5000 km。据称 98% 的行程都是“无手”自主控制，实际上这辆车只是半自动驾驶，因为它只是使用神经网络来控制车的方向，油门和刹车仍是人控制的。卡内基·梅隆大学开创的神经网络控制策略，成为后来无人驾驶汽车研究的标准，其影响一直延续至今(图 1-10)。

图 1-10　卡内基·梅隆大学的第一代到第五代 NavLab 无人车

几乎同时，无人驾驶汽车也引起了德国军方和奔驰公司的极大兴趣。1987年，德国慕尼黑联邦国防军大学（Bundeswehr University Munich）的恩斯特·迪克曼斯（Ernst Dickmanns）教授利用"动态视觉计算"技术，成功研制了一辆采用视觉导航的自动驾驶原型车。这辆车在交通顺畅的情况下速度可以达到63 km/h。随后，欧洲研究协调机构（EUREKA）公布了普罗米修斯计划，投入7.5亿欧元用于自动驾驶汽车的研发。恩斯特·迪克曼斯团队在EUREKA项目的资助下，成功地开发出了多辆自动驾驶汽车原型。1993—1994年，他们改装了一辆奔驰S500轿车，并使其成功地在普通交通环境下自动驾驶了1000多千米的路程（图1-11）。

图1-11 奔驰S500改装的无人驾驶汽车

1990年，意大利帕尔马大学的计算机工程教授Alberto Broggi创立了VisLab实验室，主攻车辆应用的计算机视觉和环境感知技术，主要包括通过摄像机和与其他传感器融合从而进行周围环境感知，研究范围涵盖人工视觉、图像处理、机器学习、神经网络、机器人和传感器融合等领域。1996年，Broggi团队启动开发了一款名为ARGO的汽车原型，这是一辆配备了视觉传感器、处理系统和车辆执行器的乘用车（图1-12）。Broggi团队的工作是为它开发相关的软硬件，以用于在标准道路上进行自动驾驶。2 年后，ARGO 在 94% 的自动驾驶模式下跑完了 2000 km，测试环境是意大利固定的高速公路。这一结果后来被业内认为是全球自动驾驶汽车的里程碑之一。

图 1–12　意大利帕尔马大学开发的 ARGO 无人车

20 世纪 80 年代，虽然我国的汽车工业还比较薄弱，但军方和学术界也开始了无人驾驶汽车的探索。1980 年，我国立项了“遥控驾驶的防核化侦察车”项目，哈尔滨工业大学、中国科学院沈阳自动化研究所和国防科技大学 3 家单位参与了该项目的研究。在 863 计划的支持下，20 世纪 90 年代初，由北京理工大学、南京理工大学、国防科技大学、清华大学和浙江大学 5 家单位成功研发了 ATB–1（Autonomous Test Bed–1）无人车，这是我国第一辆能够自主行驶的测试样车。ATB–1 的诞生标志着我国自动驾驶汽车正式起步并进入探索期。“九五”期间，ATB–2 无人车顺利研制成功，与 ATB–1 相比，其功能得到了大大的加强，直线行驶速度最高可达到每秒 21 米。ATB–3 在 2005 年研制成功，在环境认知和轨迹跟踪能力上得到进一步加强。

20 世纪 70 至 90 年代，在欧美等国家和地区军方的支持下，形成了无人驾驶汽车研究的第一次浪潮。“GPS 导航 + 机器视觉”正式终结了“电磁轨道”方案，成为主流技术路线。然而，受限于传感器、集成电路、算法、计算速度等水平较低，无人驾驶汽车研发并没有取得突破性进展，各种试验都处于预设的试验条件下，距离实际道路条件相差较大。因此，斯坦福大学的人工智能专家汉斯·莫拉维克教授提出了著名的莫拉维克悖论（Moravec's Paradox）——人类的高阶智能，如推理、规划和下棋，计算机都能够轻易实现，而只有几个月大的婴儿就能驾轻就熟的低阶智能，如感知和运动配合，计算机却遥不可及。在深度学习尚在襁褓之中的时代，科学家们一时还找不到头绪。

第四节　DARPA 举办挑战赛悬赏民间高手

ALV 项目的失败让 DARPA 认识到无人驾驶汽车的难度远超其当初的预计，点招项目团队集中攻关的模式效果也不甚理想。但这并没有让 DARPA 知难而退，反而使其转变了思路：不再做无人车研发项目的管理者，而选择了向社会开放，通过组织无人车竞赛，发布悬赏，呼唤那些放荡不羁的黑客、天马行空的教授和研发经费充足的民营企业。

DARPA Grand Challenge 2004

2004 年 3 月，DARPA 举办的无人车超级挑战赛（Grand Challenge）正式开锣，这是全球首个面向真实越野环境的长距离无人驾驶汽车挑战赛。赛场设在美国莫哈韦沙漠地区，从加州的巴斯托市一直到内华达州，全长约 228 km。在这段沙漠赛道中不但有很多岩石，还有很多急转弯和下坡路，沟壑和仙人掌也遍布全程。此外，车辆还要识别可能突然出现的动物和火车道等。比赛路线是高度保密的，正式开赛前两个小时 DARPA 才将比赛路线分发给每个车队。规则要求参赛车辆只能依靠 GPS 引导驾驶，以及依靠传感器或摄像头避开障碍物，并在 10 小时内达到终点。第一个完成挑战赛的车队将获得 100 万美元的奖金。

为了给潜在参与者充足的准备时间，DARPA 提前两年就向外界放出了消息。为了给比赛造势，托尼·特瑟（Tony Tether），DARPA 当时的局长，还专门在洛杉矶的彼得森汽车博物馆号召大家踊跃参赛。DARPA 对参赛选手的资格几乎没有限制，世界各地的选手都可以报名参赛，只要团队中包括一名美国公民即可。最终 DARPA 共收到了 106 份报名表，有来自大学和企业的队伍，也有来自高中的学生，甚至还有为了参加比赛抵押了房产的个人。这种热情远远超出 DARPA 的预期，为了控制决赛规模，DARPA 不得不提前举办了资格赛，进行了一场 4.4 km 障碍赛的预选赛，前 15 名方可进入决赛。

2004 年 3 月 13 日，一切准备就绪，参赛队伍群情高涨，DARPA 信心满满（图 1–13）。但是正式比赛阶段，一开始就有两辆车退赛，还有一辆车刚出发就翻车了。本来预计 10 个小时的赛程，刚刚过去 3 个小时，赛场上就只剩下了 4 辆无人车。而且麻烦不断：刹车、断轴、导航失灵……所有的参赛无人车都遇到了严重的问题。最终没有任何一支参赛车辆能够到达终点完成比赛。成绩最好的卡内基 · 梅隆大学的“沙漠风暴”号无人车，最终也仅仅行驶了 11.78 km，不到全程的 5%。

图 1–13　DARPA Grand Challenge 2004 部分参赛车辆

万般无奈，特瑟局长只能下车，乘坐直升机飞到终点，告诉翘首以盼的记者：“比赛结束了，我有点失望。但这场比赛绝对前无古人，参与比赛的每个人都认识到了这一点。”今天来看，这一赛事的重要性堪比 1997 年卡斯帕罗夫与 IBM 公司深蓝的那场人机对决。

被称为无人车之父的塞巴斯蒂安·特龙（Sebastian Thrun）后来谈及这次挑战赛时也表示：“如果没有这场挑战赛，就没有现在蒸蒸日上的无人驾驶行业，它开拓了一个新的时代。大家都是新来者，而创新并非来自传统的圈内力量，而是由外来者带入的。曾经在这个领域摸爬滚打的专家们反而没了优势，因为他们被自己的思维困住了，当时开发无人驾驶的工程师很少有了解机器学习的，Velodyne 的激光雷达（目前几乎是无人驾驶汽车的标准配置）也是这场挑战赛催生出来的。”

DARPA Grand Challenge 2005

第一届挑战赛暴露出了很多问题，让各路参赛者也认识到，除了车辆在恶劣地形下遇到的困难之外，许多设计还不成熟，难以同时处理障碍物感知和 GPS 航迹跟踪的任务。例如，比赛中一辆无人车为了躲避阴影直接冲下了赛道，而当天最重量级的参赛车——一辆 15 吨的大卡车却把低矮的灌木当成了巨石，居然选择小心翼翼地绕了过去。正如 DARPA 超级挑战赛项目副经理 Tom Strat 所说：“有些车辆可以非常准确地跟踪 GPS 航迹，但是无法感知前方的障碍……其他车辆非常擅长感知障碍，但难以跟踪航迹或者害怕自己的阴影，当它们不存在时产生幻觉障碍。”

第一届挑战赛糟糕的结果，并没有让特瑟局长灰心，反而下了更大的赌注。在失败的终点线上，他宣布来年继续，并且将奖金直接翻了 1 倍，达到了 200 万美元。赛场依旧设在加州和内华达州交界处，决赛赛段全长 212 km，难度也是有增无减，包括 100 多个急转弯和 3 个狭窄隧道。最艰险的一段狭窄弯道，一边是 60 多米的深沟，另一边则是悬崖峭壁。在高额奖金的诱惑下，2005 年的超级挑战赛，DARPA 收到了 195 份报名表，经过一系列资格赛，最终有 23 辆无人车进入了决赛。

上一届比赛中成绩最好、但未完赛的卡内基·梅隆大学红车队，由著名机器人专家雷德·惠塔克（Red Whittaker）教授担当领队，准备在本届挑战赛中将 200 万美元的奖金收入囊中。首先，他们为比赛准备了两辆无人驾驶汽车，一辆 1986 款悍马和一辆 1999 款悍马，选择悍马主要就是因为它们很结实。同时，惠塔克团队还给传感器装了陀螺仪，以便能得到更可靠的数据。随后，他专门派了 3 个工作人员驾驶一辆卡车在沙漠里行驶了 28 天，这辆卡车的目标就是用激光雷达绘制出比赛区域的数字地图。在莫哈维沙漠开了约 2000 英里后，该团队终于摸透了这里的地形。不过，这还不是全部，该团队又出资购买了该区域的高清卫星图像。当 DARPA 公布比赛路线后，惠塔克教授立刻派了 12 位分析师在帐篷里仔细研究比赛路线。分析师在赛道上标出了石头、围栏和沟渠，以方便参赛车辆识别。除此之外，惠塔克的团队还派工作人员驾驶悍马在不同的沙地进行行驶，以便让车辆能应对不同的环境。配置方面，两辆悍马都搭载了 7 颗英特尔 M 处理器和 40 GB 的闪存。为了赢得这场比赛，卡耐基·梅隆的预算高达 300 万美元，大有舍我其谁的气概。

在 20 只决赛队伍中，斯坦福大学的“斯坦利”（Stanley）无人车并不十分起眼，但领队塞巴斯蒂安·特龙（Sebastian Thrun）是斯坦福大学人工智能实验室历史上最年轻的领导人，也是一位少年得志的计算机天才（图 1-14）。12 岁的 Thrun 就在自家一个老掉牙的北极星电脑（主频只有 4 MHz，RAM 则为可怜的 16 kb）上成功地打造了一款赛车游戏。以近乎完美的成绩大学毕业后，Thrun 进入了波恩大学的研究所，在这里他在发表的论文中第一次提出了会自主学习的机器人的概念。Thrun 的优异研究成果引起了美国机器人专家的注意，卡内基·梅隆大学聘请他来校执教，当时的他才 31 岁。不过在卡内基·梅隆大学他并没有找到自己最爱的研究领域，很快就选择离开并转到斯坦福大学。因此，他与卡内基·梅隆大学车队的 Whittaker 教授还有过一段短暂的同事经历。

图 1-14　参加 DARPA Grand Challenge 的 Thrun 团队（左二为 Thrun）

在 Thrun 专心准备第二届挑战赛时，他接到了大众汽车公司电子研究实验室 Cedric Dupont 的电话，当时的大众也想参加挑战赛。他们听说 Thrun 也有此意，就决定给他提供 3 辆途锐，一辆用于比赛，一辆备用，另一辆则负责提供零部件。造车经验丰富的大众则负责把车辆的转向、加速和刹车控制系统连上 Thrun 的电脑。虽然有了大众工程师的帮助，但是如何让无人汽车正确理解传感器的数据仍然是成败的关键。传统的数据处理方法非常愚笨，研究人员往往迫不得已想尽办法提升数据的质量，如为传感器安装陀螺仪或升级处理数据的软件。但 Thrun 认为，车辆要想变得更聪明，它们就必须自行判断那些不完整的或模棱两可的数据，也就是得拥有类似自我意识的算法。于是 Thrun 开始记录 Stanley 的大脑，并要求计算机处理传感器采集到的每一个像素，随后根据人类驾驶的情况为数据分配数值。这样，计算机就能将自己的判断与人类的经验进行对比，随后舍弃那些错误的信息和方法。经过一段时间的训练后，Stanley 行驶时已经有人类驾驶员的风格了。不过，Thrun 还不满意，他准备让这项技术更进一步。当时，Stanley 装配了激光扫描仪和摄像头两种主要的传感器（图 1–15）。激光扫描仪在 30 米范围内非常有效，但超过这个距离数据的质量就会下降；摄像头虽然看得更远，但侦测近距离物体的准确性却比较一般。Thrun 认为两种传感器可以紧密合作，让电脑通过远近不同的数据进行自我学习。Thrun 的方案成功了，Stanley 的视觉更加清晰了，在路况复杂的沙地上它都能达到 72 km/h，转起弯来更是胸有成竹。同时，由于可以自行筛选数据，Stanley 的感知能力直接提升了 4 个数量级。在这项改进前，Stanley 发生识别错误的概率高达 12%，但之后错误率降到了 1/50 000。

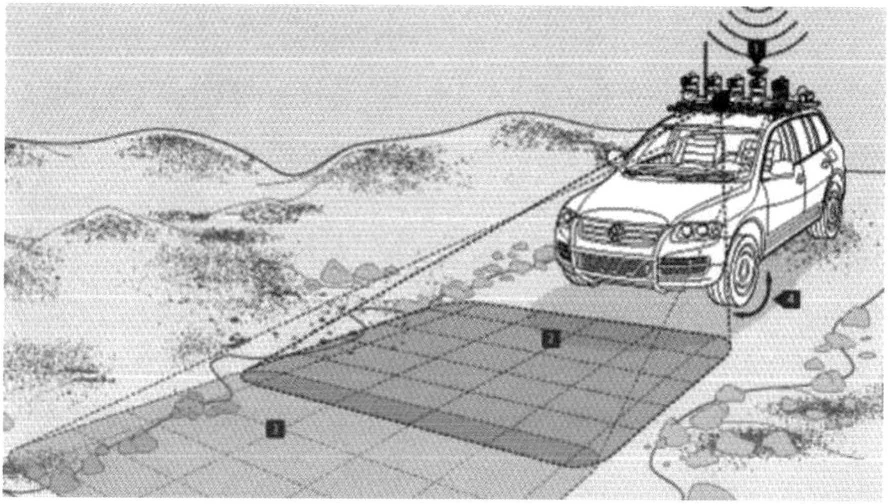

图 1–15　Stanley 无人车的视觉方案

2005 年 10 月 8 日早上 6 点半，第二届无人车超级挑战赛正式开始。23 辆武装到牙齿的赛车一辆辆接连出发驶入沙漠。几个小时后，在跟随卡内基 · 梅隆大学 1 号车行驶了 100 英里后，Stanley 顺利完成了超车。经过 6 小时的角逐，Stanley 终于领先其他团队第一个冲过终点线。卡内基 · 梅隆大学的两辆无人车分别以 7 小时 5 分钟、7 小时 14 分钟的成绩，拿下第二名、第三名的位置。这次比赛确实比第一届成功多了，有 5 辆赛车都成功到达了终点。

拿下挑战赛冠军后，Thrun 手捧奖杯和 200 万美元奖金回到斯坦福发表演讲，他表示："一年之前，有人说这根本是不可能完成的任务，但现在一切都成真了。有些人说我们是莱特兄弟，但我觉得我们更像查尔斯·林德伯格（首个驾机横跨大西洋的飞行员），因为他长得更帅。"英特尔的研发负责人 Justin Rattner 表示："这是一个重要的转折点，它比深蓝击败卡斯帕罗夫还重要。深蓝只是计算能力强，它不会思考，而 Stanley 学会了思考。人工智能正在从基于规则的思考升级到基于概率的新模式，毕竟统计分析才更符合人类的思考习惯。"

DARPA Urban Challenge 2007

2015 年超级挑战赛的成功坚定了 DARPA 将挑战赛继续搞下去的信心。两年之后，DARPA 已经不满足于荒野的无人驾驶，举办了城市挑战赛（Urban Challenge）。不同于前两次比赛主要面向越野环境，汽车在城市环境中将面临更加动态和复杂的环境，对车辆的自主能力提出了更加苛刻的要求。这届比赛要求参赛车队在模拟的城市环境中 6 小时内完成 96 km 的赛程。为了更加接近未来无人驾驶应用在城市道路中的实际状况，主办方还增加了许多看似简单但挑战性极高的规则，这样的要求也促进了无人驾驶技术向更好、更健康的方向发展。

①参赛车辆必须遵守加州地区的交通法规。

②参赛车辆必须完全自主驾驶，仅限使用其探测到的信息及公共信号，如 GPS。

③参赛车辆必须能够在雨天和雾天，无 GPS 信号的情况下行驶。

④参赛车辆必须避免碰撞，如其他车辆、自行车、路障、电线杆等物体。

⑤参赛车辆必须能够在停车场正常工作，并按情况进行 U 形弯转弯等。

卡内基·梅隆大学车队发誓要将冠军奖杯从斯坦福车队手里夺回来，捍卫他们几十年来在无人车领域的荣誉。他们组建了一支 40 人的庞大队伍，其中包括大将克里斯·乌尔姆森（Chris Urmson）。这次他们准备得更加充分，除了两辆参赛的车辆，还有一辆补给车提供充足的零件替换。在他们的装备库里，第一次出现了一种新型的 64 线激光雷达，为了让这件装备投入使用，卡内基·梅隆大学的工程师编写了大量的驱动程序。霍尔兄弟的 Velodyne 提供了这一超级武器，凝聚了他们很多心血。在其后的近 10 年间，64 线激光雷达成为全世界绝大多数无人车必须配置的组件。

2007 年 11 月 3 日，比赛日终于到来了。大赛在洛杉矶东北方向 75 英里处的美军前空军基地乔治空军基地举行。这次赢下 200 万美元头奖的是卡内基·梅隆大学车队，斯坦福车队获得第二名（图 1–16）。卡内基·梅隆大学的无人车“Boss”以 4 小时 10 分钟完赛，平均时速 22.5 km/h。斯坦福的无人车“Junior”以 4 小时 29 分钟完赛，平均时速 22 km/h。卡内基梅隆大学的 Whittaker 教授终于如愿以偿，一雪“前恨”。

图 1–16　DARPA Urban Challenge 2007 部分参赛车辆

赛后，斯坦福大学车队的 Jan Becker 说：“在 DARPA 城市挑战赛前，自动驾驶技术被认为是仅仅有些许的科学价值。通过此次比赛，人们看到了这些汽车多么智能和强大，各家企业也蜂拥而至，开始探索这项技术带来的各种可能性。这是一个巨大的转折点，人们从单纯对这项技术的好奇转变为实实在在的研发。”

这次城市挑战赛结束后，有参赛者向特瑟局长询问下一届比赛什么时候开始，他表示：“以后不会再有比赛了，DARPA 的使命已经完成，接下来就要看资本的力量了。”

DARPA 无人驾驶挑战赛英雄榜

安东尼·J. 特瑟（Anthony J. Tether）

Tether 博士生于 1941 年，曾在美国陆军、海军和国防科学委员会，以及福特航空航天公司、科学应用国际公司和红杉集团任职。2001—2009 年担任国防部高级研究计划局（DARPA）负责人，一手缔造了 DARPA 超级挑战赛（图 1-17）。2009 年离开 DARPA 之后，Tether 博士重组了红杉集团，为政府和行业提供项目管理和战略发展服务。2014 年参与建立了初创公司 Strobe，该公司致力于自动化机器人和自动车的研发。2017 年 10 月 9 日，通用汽车对外宣布收购 Strobe，并将 Strobe 的业务并入旗下自动驾驶子公司 Cruise Automation 运营。

图 1-17 安东尼·J. 特瑟（Anthony J. Tether）

塞巴斯蒂安·特龙（Sebastian Thrun）

Thrun 1967年生于德国索林根，1995 年获得波恩大学计算机与统计学双博士学位。1995年加入卡内基·梅隆大学（CMU）计算机科学系，成为CMU机器人学习实验室的助理教授和联合主任。2003 年加入斯坦福大学，后成为计算机科学和电气工程的全职教授。2005年Thrun带领斯坦福大学团队在第二届DARPA挑战赛中获得冠军（图1–18）。2011年4月正式加入谷歌公司，并创建了Google X实验室，主导了谷歌街景、谷歌眼镜、谷歌无人车、谷歌大脑、谷歌热气球等许多震惊世界的项目。在此期间，他还创办了Udacity公司，通过在线教育培养自动驾驶、机器学习和深度学习人才。2013年，Thrun决定辞去其在 Google X 的职务，全职投入到 Udacity 的教育项目中。Thrun也许已经不满足于汽车只能在地上跑了，他与拉里·佩奇（Larry Page）一起以个人名义投资了一家飞行汽车公司 Zee.Aero，后来干脆自己也成立了一家飞行汽车公司 Kitty Hawk。

作为世界顶级的人工智能专家，Thrun在39岁时当选美国国家工程院院士。被美国著名商业杂志*Fast Company*评为“世界上第五个最有创造力的人”。英国卫报则称其为“20位互联网自由战士之一”。

图1–18　塞巴斯蒂安·特龙（Sebastian Thrun）

克里斯·厄姆森（Chris Urmson）

作为卡内基·梅隆大学机器人研究所的一名研究员，Urmson 是率领 CMU 车队勇夺 DARPA 城市挑战赛冠军的 Whittaker 教授的得力干将，其在车队担任技术负责人（图 1-19）。DARPA 挑战赛后 Urmson 追随 Thrun 加入了谷歌无人车项目团队，主要工作是编写自动驾驶软件的核心代码，并以 CTO 的身份统管所有技术架构方面的事务。2013 年，Thrun 离开谷歌以后，他接棒成为谷歌无人车的项目负责人。2014 年，在他的带领下，谷歌从零开始自主设计出了第三代无人车"萤火虫"（Firefly），这是一款针对无人驾驶需求完全进行重新设计的原型车。2016 年，Urmson 离开谷歌，与另两位分别来自 Tesla 和 Uber 的顶尖工程师共同创立了 Aurora Innovation，一家面向汽车制造商提供自动驾驶的软硬件整套解决方案的公司。

图 1-19 克里斯·厄姆森（Chris Urmson）

安东尼·勒万多斯基（Anthony Levandowski）

Levandowski 1980 年出生于比利时布鲁塞尔，母亲是法国外交官，父亲则是美国商人。在加利福尼亚大学伯克利分校读本科时，Levandowski 在机器人方面就显示出过人的才华。他设计了一台机器人玩具并通过该产品赚取了不少专利费。伯克利的机器人、自动化和新媒体教授 Ken Goldberg 认为 Levandowski 不但精力充沛、天赋异禀，还非常具有创造力，是自己实验室最优秀的学生。2002 年时，Levandowski 与 Goldberg 教授共同发明了互动虚拟现实娱乐系统 Tele-Actor。

在接受采访时，Levandowski 对媒体说："有一天，母亲从布鲁塞尔打电话告诉我，DARPA 将举办一场竞赛。听到这个消息后我就清楚地知道，这就是未来，这是能在我内心深处引起共鸣的事业。虽然当时我还不知道其潜力如何，但我可以感觉到它会改变很多事情。"因此，作为加州伯克利大学的代表，Levandowski 在 2004 年和 2005 年先后两次参与 DARPA 超级挑战赛。虽然比赛成绩并不突出，他天马行空的设计却令当年的参赛者对他印象深刻。当其他参赛者都选择用四轮机动车作为研发基础时，Levandowski 与众不同地选择了两轮摩托车，因为他坚信摩托车可以比四轮机动车达到更快的速度，从而以更短的时间完成比赛（图 1-20）。这辆名为"恶灵骑士"（Ghostrider）的自动驾驶摩托车后来被美国史密斯森博物馆收藏。

图 1-20 安东尼·勒万多斯基 (Anthony Levandowski)

两届挑战赛让 Levandowski 意识到，自动驾驶汽车必须得依靠激光雷达，谁能用好激光谁就控制了未来。从伯克利毕业后，Levandowski 进入了 David Hall 旗下的 Velodyne 公司，当时这家公司的重心正在从销售音响设备转向制造激光雷达。在 2007 年 DARPA 城市挑战赛上，6 支完赛车队里有 5 支都使用了 Velodyne 的激光雷达。2007 年，他追随 Thrun 一起加入了谷歌，共同推进谷歌街景项目。有了 Thrun 团队助力后，谷歌原本价值 25 万美元的街景摄像机换成了市面上能买到的售价仅 1.5 万美元的全景摄像头。截至 2007 年年底，他们一共采集了 100 万英里的道路图像，达到了拉里 · 佩奇的要求。街景项目取得突破的秘密武器就是一个被称为 Topcon 盒子（日本相机生产商拓普康生产）的东西，它能将原始图片转换成数据流，还能直接在数据流里插入 GPS 坐标和其他传感器信息。不过，这个盒子其实并不是日本拓普康公司发明的，而是来自一家名为 510 Systems 的硅谷新创公司。而 510 Systems 的联合创始人之一正是 Levandowski，这家公司在他跟随团队并入谷歌的前几周才刚刚成立，主要成员都是伯克利的学生，而 Levandowski 的母亲则负责公司办公室的运营。日本拓普康公司能拿到 510 Systems 的技术授权主要是因为它赞助了 Levandowski 的自动驾驶摩托车。而谷歌的工程团队刚开始根本不知道 510 Systems 与 Levandowski 还有这样一层关系。在 2009 年谷歌启动无人车项目时，Levandowski 又故技重施成立了 Anthony’s Robots 公司，并扮演了重要角色。Levandowski 称这样的安排其实是搭建了一堵防火墙，一旦自动驾驶汽车在旧金山出了事故，至少谷歌的名声不会受到伤害。在随后的几年里，Levandowski 逐渐成为无人车项目的核心成员。510 Systems 帮助谷歌打造了 5 辆自动驾驶汽车，它还顺带打造了自动驾驶拖拉机和便携式激光雷达系统。2011 年，谷歌以 2000 万美元收购了 510 Systems 和 Anthony’s Robots。

2016 年月 Levandowski 离开 Google，同年 5 月成立初创公司 Otto，专注于自动驾驶卡车的研发。3 个月后，Otto 迅速被 Uber 以 6.8 亿美元的天价收购，Kalanick 还钦点 Levandowski 出任 Uber 自动驾驶部门的主管，其业务涉及个人交通、物流和卡车等业务。谷歌思前想后觉得 Levandowski 的所作所为有些不对劲，于是发动了内部调查。谷歌发现 Levandowski 离职前从谷歌下载了约 10 TB 的机密文档，其中许多就与激光雷达技术有关。2017 年 12 月，Waymo 的一位员工无意中转发了供应商的邮件，其内容包含了一张 Otto 电路板的图片，其设计与 Waymo 的激光雷达非常相像。后来 Waymo 又发现了一份 Otto 递交给内华达政府的文档，该文档称公司已经掌握“64 线激光雷达系统”的制造技术，而这项技术与 Waymo 的非常相像。2018 年 2 月，Waymo 正式起诉 Uber（还包括 Otto 和多家与 Levandowski 有关的公司），称其侵犯了自己的技术专利，涉嫌盗用商业机密。同年 5 月，Levandowski 被 Uber 辞退。

2017 年 9 月，据《连线》杂志报道，Levandowski 建立了一个名为“未来之路”（Way of the Future）的宗教组织，宗旨是在人工智能的基础上开发并促进神性的实现。打造一个机器人辅助的新世界是 Levandowski 的终身奋斗目标，不过未来恐怕各种诉讼甚至牢狱之灾会打断他的梦想之路。

布莱恩·塞尔斯基（Bryan Salesky）

Salesky 最早任职于卡耐基·梅隆机器人研究所下属的国家机器人工程中心，他与 Urmson 一起参加了 2007 年 DARPA 城市挑战赛并获得冠军（图 1–21）。这之后他一直游走于学术界和工业界之间，曾于 2011 年和 2013 年两次加入 Google 无人驾驶团队。通过自己的努力，Salesky 最后坐上了谷歌无人车项目硬件开发主管的位置。在谷歌的这几年里，Salesky 主导了与菲亚特 – 克莱斯勒的合作，后者提供的 Pacifica 成了谷歌自动驾驶测试车的主力车型。

2016 年离开谷歌后，他成立了 Argo AI 公司，致力于凭借其在人工智能方面的专业技能，研发自动驾驶技术的相关软件。2017 年 2 月，福特公司以 10 亿美元的大手笔投资让这家成立仅 3 个月的初创公司“一战成名天下知”，成为 2017 年自动驾驶行业最传奇的“独角兽”。

图 1-21　布莱恩·塞尔斯基（Bryan Salesky）

第五节　Google 启动无人车商业化进程

今天，我们再回头看 2004—2007 年 DARPA 举办的三届超级挑战赛，其最大的贡献也许并不是推动了无人驾驶技术的进步，而是对人才和社会资金的吸引。DARPA 挑战赛，使原本在一个封闭的小圈子里打转转的无人驾驶汽车走了出来，成功地吸引了外部更多人的关注和参与，充分调动了社会各界的积极性。竞赛初步搭建了一个由教授、极客、工程师、程序员、车企组成的无人车生态圈，将那些雏形初露但零星分散在各处的技术汇聚到了一起，一批才华横溢、天马行空的青年才俊也脱颖而出。

Google X：DARPA 无人车英雄聚义堂

DARPA 超级挑战赛成为各路无人车英雄华山论剑的舞台，但天下没有不散的宴席，大戏终有落幕的时候。比赛很精彩，观众自然也不会少，但“外行看热闹、内行看门道”是古今中外都通行的道理。在 DARPA 挑战赛的看台上就有这么一位神秘的人物。他戴着墨镜，鸭舌帽的帽檐压得很低，行事低调，尽量不引起别人的注意。但他在暗中仔细地考察着参赛的各路好手。他就是谷歌公司的创始人，拉里·佩奇（Larry Page）（图 1–22）。

图 1–22　谷歌公司联合创始人拉里·佩奇（Larry Page）

拉里·佩奇与 DARPA 赛场上许多选手都有一个共同的特点，他们都是技术天才，喜欢挑战，而且思维跳跃、天马行空。在上大学的时候，佩奇就对无人驾驶汽车产生过浓厚的兴趣，只不过后来把主要精力放在网络搜索上了。在这里他发现了一个超级人才，塞巴斯蒂安·特龙。佩奇觉得特龙也许可以帮他实现无人驾驶汽车的梦想。据特龙在参加一个论坛活动中透露，比赛结束后佩奇找到他，说"为什么我们不造一辆无人车，在加州所有的街道上行驶？"

特龙回答说："这太可笑了，根本不可能。我是已经赢得大赛的特龙教授，没人比我更懂无人车。你说的我做不到。"

后来，拉里·佩奇那年夏天又跑来问我："做不到是有什么技术原因吗？"

我回答说："没有技术原因。"

佩奇说："那你应该试一试。"然后他画出了一条 1000 英里的路线。这个路线经过海湾大桥、九曲花街，沿着一号公路一直开到洛杉矶。

他接着对特龙说："如果你能让汽车驶过这 1000 英里，100% 自动驾驶，不扶方向盘，那就能赚点外快了。"

所以我们就秘密组建了一个团队。团队成员除了塞巴斯蒂安·特龙之外，还包括克里斯·厄姆森、安东尼·勒万多斯基、迈克尔·蒙特默洛（特龙的学生，2005 年挑战赛特龙团队成员）和 米特里·多尔戈夫（2007 年城市挑战赛特龙团队成员）。布莱恩·塞尔斯基后来也加入了进来（图 1–23）。

图 1–23　谷歌无人驾驶汽车早期团队核心成员

DARPA 英雄们终于又有机会重聚一堂，共振无人车大业了！

Street View：谷歌明修栈道暗度陈仓

塞巴斯蒂安·特龙团队到 Google 之后，拉里·佩奇并没有直接让他们开始研发无人驾驶汽车，而是让他们帮助改进谷歌地图，更具体地说是开发街景视图（street view）。

每一个谷歌街景全景照片其实是一张或一组提供了从一个地点 360° 全景视角的照片，通常是通过从一个位置拍多张照片并用全景图片软件将它们拼接在一起制作而成的。这样的一个投影包括了一个 360° 的水平视野（完整地绕一周）和一个 180° 的垂直视野（从正上方到正下方）。这样产生的 360° 全景照片就可以看成是一个包裹在球体二维表面上的投影（图 1–24）。

图 1-24　谷歌街景全景照片

谷歌街景源于 2001 年拉里 · 佩奇的一个构想。据说，有一次佩奇开着车，带着小型照相机在帕洛艾托转了一整天。他每行驶几英尺，就停下来拍一些照片，再行驶几英尺，停下来再拍照片。回到家之后，他把这些照片拷贝到电脑上一张一张地看，忽然有个念头冒了出来：如果把这些照片跟传统的地图结合起来，那么人们不就可以在地图上看到那个地方的实景了，而且更微观一些的信息，如咖啡馆的位置、游泳池的样子、街道的拐角、交通标志等，如果也可以在地图上进行搜索那就更棒了。想想没有智能手机之前，你到一个陌生的地方，手里拿着一张地图左顾右盼找约会地点时一脸茫然的样子。不得不说，这确实是一个很酷的想法。因此，佩奇提出来要用 360° 全景照片来记录我们的世界，进而在互联网上创造一个数字化的、可搜索的现实世界的构想。

这说起来简单，但要实际操作起来会遇到很多问题。获取经过的路线信息很容易，但要为千千万万个被拍摄目标做索引，并形成有用的信息，如交通标志的含义、酒店与餐馆的位置及名称，这难度和工作量真不是一般人能够完成的。因为用户感兴趣的并不仅是那些拍到的令人眼花缭乱的实景图片，还包括图片中包含的文字和符号信息，从海量图片中提取文字和符号信息本身就是一个巨大的挑战。谷歌当然不会笨到派人去一张张看图片，这样一百年也未必能完成一个城市的街景，而且恐怖的人力投入足以让富可敌国的谷歌倾家荡产。

于是，2001 年 3 月，拉里 · 佩奇找到了斯坦福大学马克 · 勒沃伊（Marc Levoy）教授，给他看了在湾区周围驾驶时拍摄的录像带，并询问他们是否能发明一种用少量图像来概括视频的方法（invent a way to summarize the video with a few images）。经过认真思考，勒沃伊教授提出了一个被称为“多视角全景图”的解决方法，简单来说，就是以街景的方式，从连续的拍摄中提取地址信息，生成该地点的图片。2002 年 11 月，他们获得了谷歌的资助，对该项技术进行研究。

街景地图最初只是拉里 · 佩奇的个人项目（谷歌允许员工自己设立一些自己感兴趣的项目，而无须领导批准），被安排在 Google Books 项目下面。到 2004 年春天，参与者也仅有 7 名兼职志愿者员工和 17 名斯坦福大学的实习生。2005 年 10 月，街景项目的人在总部向谷歌地图团队介绍该项目时，谷歌地图团队对这个项目仍持有强烈的怀疑态度。毕竟，按照街景项目的现状，未来还需要投入多少钱，会产生多少数据，这都是未知数。实际上，一直到 2005 年年末，街景项目都看不到任何有效的产出。但是谷歌的工程总监 Bill Coughran 决定支持，所以，街景项目正式立项了。

当时，街景项目团队使用的街景图像采集车（简称“街景车”）是一种很简陋的、墨绿色的雪佛兰旅行车，里面装着电脑，车顶上装着摄像机和激光感应设备（图 1–25）。车速不能超过 16 km/h，否则拍下来的图像就会模糊，根本不能使用。而且这套系统运行时功耗极大，烧保险丝是家常便饭。最终他们在车上多搭载了一台汽油发动机来发电，才解决了问题。但系统本身仍然极不稳定，经常死机、重启，每次出问题只能回公司重新调试。因此，街景车成了阻碍该项目发展的最主要问题。

图 1–25　谷歌公司最早的街景车

不过，在 2007 年，事情终于有了转机。特龙团队为谷歌街景项目带来了新的研究思路，即利用 SLAM 技术（simultaneous localization and mapping，同步定位与地图构建）进行开发。而这正是特龙车队夺得 2005 年 DARPA 挑战赛冠军的秘籍，也是特龙教授最擅长的领域之一。于是，Thrun 重启了街景项目。但拉里·佩奇给他们设定了一个相当激进的目标：一年之内街景项目必须覆盖 100 万英里道路。要知道当时美国道路总计才 600 万英里。这样苛刻的条件 Thrun 团队都敢答应，真是艺高人胆大呀。

他们做的第一件事就是，彻底重新设计了街景车。新的街景车放弃了那些专门定制的高精尖设备，直接采用现成的、消费级的摄像设备，放弃了激光传感器，镜头也不需要活动部件（图 1–26）。他们采用了日本公司 Topcon Positioning Systems 生产的相机。而该相机最关键的技术则是由美国的一家初创企业 510 Systems 提供的。510 Systems 设计的一款数据处理主板，能够接收数码相机、高端 GPS 设备及惯性传感器输入的信号，然后再将来自这些系统的数据整合，使得相机图像可以使用位置数据进行编码。事实证明，这种“简易”设计相当有效。很快，Thrun 就派出一队新的街景车奔向了美国各个城市，结果只用了不到一年时间，佩奇设定的那个“激进”的目标便已经提前完成了。

图 1-26　2007 年的谷歌街景车

此后，谷歌街景一年年持续改进，覆盖的区域越来越广。从 2007 年开始，10 年的时间里谷歌街景车的脚印已遍及每个大洲，83 个国家，行走过 1000 多万英里旅程。作为行走的记录仪，街景车也随着不同需要衍生出了不同的形式（图 1-27）。

图 1-27　谷歌公司推出的各种街景车

为什么拉里 · 佩奇把特龙团队招到谷歌之后，干的第一个项目是看上去与无人驾驶汽车毫无关系的街景地图呢？这里面有没有隐藏着什么惊人的秘密呢？

Chauffeur：谷歌的神秘司机计划

无人驾驶汽车曾是谷歌最神秘、保密程度最高的项目之一，街景车则成为它最好的伪装。直到2010年10月10日，纽约时报高级记者约翰·马尔科夫（John Markoff）在该报头条以《警官请注意：谷歌的汽车能自动驾驶》（*Look officer, no hands: google car drives itself*）为题，第一次全面报道了谷歌无人驾驶汽车的研制与测试情况。至此，谷歌明修栈道暗度陈仓的无人驾驶汽车计划才逐渐浮出水面。

街景项目大获成功之后，拉里·佩奇对特龙教授说，从现在开始你想做什么都可以。特龙说，我想做无人驾驶汽车。于是在2009年，一个由特龙领导的、内部代号为"Chauffeur"（司机）的项目秘密成立了。拉里·佩奇为项目设定的目标是：两年之内在加州最复杂的10条道路上各行驶160 km。这些路线经过了湾区的每一个部分，从门洛帕克（Menlo Park）的林荫道到隆巴德街（Lombard Street）的之字爬坡路线。全程必须100%实现无人驾驶，如果驾驶者动了方向盘或是踩了刹车，这次行程就算没通过。这又是一个几乎不可能完成的任务，因为尽管2007年的城市挑战赛已经有6辆赛车可以完成比赛任务，但那毕竟是在一个人为设置的模拟环境里，与真实的城市路况复杂度相比，那次简直就是幼儿园小朋友玩的游戏。

Chauffeur项目的第一款无人驾驶汽车是基于丰田油电混合动力 Prius 改装的。工程师们在Prius车顶上安装了Velodyne 64线激光雷达，以此建立高分辨率的三维环境模型或高精度地图；在前保险杠外壳和前翼子板上挖孔，安装了用于准确测距和测速的毫米波雷达；在左后轮上安装了外接的轮速传感器，以获取更高精度的轮速信息；在挡风玻璃下安装摄像头，用以识别红绿灯（图1–28）。Chauffeur项目在2009年提出的传感器方案，到如今依然被各大无人驾驶汽车公司所采用（特斯拉除外）。这些测试车被伪装成街景的数据采集车，常常夜间出没，以躲避公众的视线，也可以在没人没车的道路上采集高精地图。2009年年底，Chauffeur项目研发的第一代无人驾驶汽车便完成了100英里的无接管自动驾驶任务，成为谷歌无人驾驶汽车发展史上第一个里程碑。而这时候，除了谷歌内部一小部分人之外，绝大部分人还不知道谷歌无人驾驶汽车的存在。

图 1–28　谷歌公司基于丰田 Prius 改装的第一代无人车

在 Prius 完成了 100 英里的无接管驾驶任务后，为了能够提高无人驾驶的里程记录，Chauffeur 项目的工程师将测试重点放在了场景更为单一的高速公路上。基于丰田 Lexus RX450h 改装的第二代无人驾驶汽车也加入了谷歌的无人驾驶车队，传感器方面则沿用了第一代的配置（图 1–29）。截至 2012 年 6 月，Chauffeur 项目已经拥有了 6 辆丰田 Prius、3 辆雷克萨斯 RX450h 和 1 辆奥迪 TT 组成的无人驾驶测试车队。车队当年累计完成了超过 300 000 英里（约 480 000 km）的无人驾驶测试里程，相当于北京到上海来回 400 次的里程总和。2012 年 5 月，内华达州向谷歌公司颁发了美国历史上首个自动驾驶汽车许可证，成了谷歌无人驾驶汽车发展史上第二个重要的里程碑。

图 1–29　谷歌公司基于丰田 Lexus RX450h 改装的第二代无人车

2014 年，谷歌对外公布了令世人震惊的第三代无人驾驶原型车 Firefly（萤火虫）（图 1–30）。这个长得像考拉的小车是针对无人驾驶完全进行重新设计的，如移除了雨刷，因为并不需要有驾驶员在雨中看清路况；移除了方向盘，但由于加州法律的限制，车里还是安装了一个类似游戏操纵杆的装置代替方向盘。最高时速只有 25 英里。

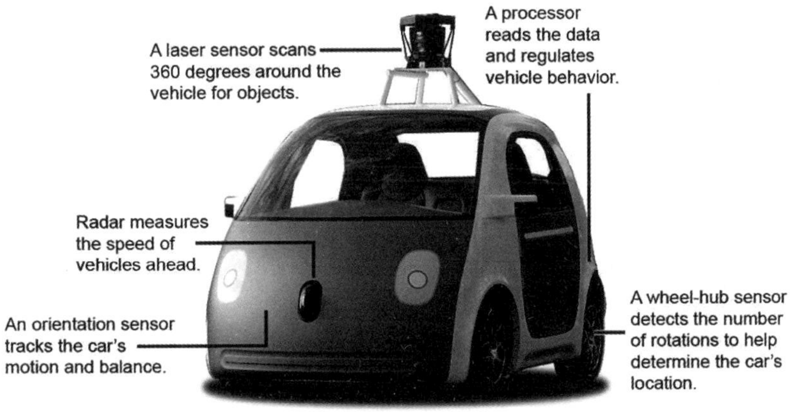

图 1–30　谷歌公司自主研发的第三代无人车 Firefly

这是谷歌从零开始设计制造的一款真正意义上的无人驾驶汽车。Firefly 是一个试验与学习的平台，而非面向大批量生产设计制造的。谷歌的工程师们通过它了解早期自动驾驶难题，如如何放置传感器、如何将车载计算机整合进汽车、乘客需要掌控哪些汽车控制功能等。由于科技与创新的完美融合，谷歌 Firefly 无人车打败 4698 个对手，获得了 2015 年德国红点视觉设计大奖。Firefly 2015 年在开放道路上面向大众进行“公测”，这是谷歌无人驾驶汽车的第三个里程碑。

除了造车外，谷歌为了脱离激光雷达供应商 Velodyne 在供应量和技术上的限制，开始自研激光雷达，因此，这个阶段的 RX450h 既有装备 Velodyne 激光雷达的，也有装备自研的激光雷达的。

虽然在2017年6月Firefly正式退役，没有成为谷歌无人驾驶汽车的未来担当，但世界著名的汽车技术公司德尔福的技术总监Glen De Vos表示，从长期来看，设计一辆谷歌式的无人驾驶出租车也许是合乎情理的——没有方向盘、没有刹车踏板。他认为，今后如果将自动驾驶技术放进一辆车里，最能节省成本、最好的方式就是去除车里多余的部件。

从Project Chauffeur 2009年诞生到2015年年末，Google花费了11亿美元开发无人驾驶汽车的软件和硬件。2016年12月，谷歌也做了相应调整，Chauffeur 项目正式“毕业”，拆分成为如今的 Waymo公司。

文末彩蛋：谷歌街景对无人驾驶汽车到底有多重要

谷歌前资深工程师吴军博士在其著作《智能时代》里写道：“Google 其实是把自动驾驶汽车这个“看似需要人一样的智能的问题”变成了一个“大数据的收集与处理的问题”。自动驾驶汽车项目是谷歌街景项目的延伸，谷歌自动驾驶汽车能去的地方都是它“扫过街”的地方，这个汽车在行驶到任何地方时，对周围的环境是非常了解的，不像过去那些研究所里研制的自动驾驶汽车每到一处都要临时识别目标。”

谷歌研究主管彼得·诺维格(Peter Norvig)在接受《纽约时报》采访时表示：“谷歌街景是谷歌无人驾驶汽车背后的秘密。”谷歌无人驾驶团队地图主管安德鲁·查塔姆（Andrew Chatham）解释道：“事实上，我们的街景地图可以提前告知无人驾驶汽车所有地理信息，让它工作起来更容易。”对于 Google 街景车“扫过街”的地方，Google 都收集到了非常完备的信息，如周围各种目标的形状、大小、颜色，每条街道的宽窄、限速，不同时间的交通情况、人流密度，以及不同交通状况下车辆行驶的模式等。这些数据 Google 都已经事先离线处理好了给无人驾驶汽车备用，而无人车也只能去街景车扫过的地方。

Waymo：谷歌十年磨一剑，商用无人车终落地

从 2005 年拉里 · 佩奇在 DARPA 挑战赛上发现无人车大神特龙教授算起，到 2015 年可爱的 Firefly 无人小车诞生，谷歌无人驾驶汽车可谓十年磨一剑（图 1–31）。此时无人驾驶汽车早已抛掉了初期的浪漫幻想，也偏离了征战沙场的军用初心，谷歌必须认真思考它在人类交通历史上的使命，为其未来的发展找到正确的方向。

图 1–31　谷歌公司研发的第一代到第四代无人车

2016 年是 Google 无人驾驶汽车历史上最重要的一年，也是最动荡的一年，饱受争议的一年。早期 Chauffeur 团队的技术骨干悉数离职：塞巴斯蒂安 · 瑟隆 (Sebastian Thrun) 离职创办了教育科技公司 Udacity；克里斯 · 厄森 (Chris Urmson) 离职创立了 Aurora Innovation；朱家俊（Jiajun Zhu）离职后创建了 Nuro 公司；安东尼 · 勒万多斯基（Anthony Levandowski）带走 3 名同事创立了 Otto 公司，不久被 Uber 收购，这直接引爆了两家公司的商业秘密官司。媒体批评 Google 迟迟不宣布无人驾驶汽车推向市场的路线图，这种情况对于团队的技术骨干来说与在大学里搞科研没什么区别。彭博社发表文章称，虽然谷

歌是最先研究自动驾驶汽车的，但如今已丧失了先发优势，被竞争对手纷纷超越，这让员工们很失望。对此批评，谷歌给出的回应是："当你认为已经完成了 90% 时，实际只走了 10%（When you are 90% done, you still have 90% to go）。在这个领域中真正重要的是能够解决这类技术最后 10%、最后 1% 甚至最后 0.001% 的难题。"在急于将自动驾驶技术推向市场的 Uber 和 Tesla 出现了多起严重的交通事故之后，人们终于理解了谷歌极其慎重的深意。做无人驾驶汽车，不可或缺的是对安全的敬畏之心，以及对行业基本规律的尊重。

2016 年 12 月 14 日，谷歌终于将 Chauffeur 项目从 Google X 实验室独立出来，成立了独立运营的 Waymo 公司，正式踏上了无人驾驶汽车商业化新征途。Waymo 这个名字来源于它的使命，即探索移动性的新方向（a new Way forward in Mobility）（图 1–32）。

图 1–32 Waymo 公司的 LOGO 及含义

拉里·佩奇并没有将 Waymo 交给 Chauffeur 项目的核心成员，而是聘请了拥有丰富汽车管理经验的现代汽车北美公司的前首席执行官约翰·克拉弗西克（John Krafcik）担任 Waymo 的 CEO（图 1–33）。在无人驾驶领域，Krafcik 虽然不像塞巴斯蒂安·特龙、克里斯·厄姆森、安东尼·勒万多斯基等这些 DARPA 封神榜上的无人车大神有名气。但在传统汽车领域，这位身经百战的汽车公司高管可是功勋卓著、赫赫有名。作为一名斯坦福大学机械工程专业的毕业生，Krafcik 为了搞清楚日本公司在汽车制造业比美国公司竞争力更强的原因，曾拜访了 15 个国家的 90 座汽车工厂。他的研究最终凝结在了其创作的《改变世界的机器》（*The machine that changed the world*）之中。他在该书中首次揭秘了丰田的“精益生产”（lean production）技术，对世界汽车工业的发展产生了深远的影响。

Krafcik 在福特和现代汽车公司的职业生涯中展现了他过硬的技术实力和出色的管理能力。在福特，他从一名普通的汽车工程师一路做到总工程师的位置。2014 年穆拉利退休后，Krafcik 一度成为福特 CEO 的潜在人选。在 2008 年金融危机期间其他汽车公司濒临破产时，他带领的现代北美公司却实现了收入增长，创造了一个奇迹。2013 年从现代汽车辞职后，Krafcik 做了 4 个月的自由职业者，在这期间据说他还接到过特斯拉公司创始人伊隆 · 马斯克（Elon Musk）的电话。后来，Krafcik 入职 TrueCar，一家帮助用户选车购车的网站。在他的努力下该网站成功完成了 IPO。或许拉里 · 佩奇最看重 Krafcik 的就是，他既理解硅谷，也理解传统汽车行业。似乎也只有他可以同时搞清楚汽车城和硅谷两大领域的语言规则。

图 1-33　Waymo 公司 CEO 约翰 · 克拉弗西克（John Krafcik）

Waymo 独立后，Krafcik 的首要任务就是考虑无人驾驶汽车如何进行商业化运营的问题。谷歌从零设计的 Firefly 虽然震惊了世人和传统车企，但也让硅谷的精英体会到了设计制造一辆汽车的艰苦。而且自建工厂造车是个“重”资产的活儿，对于崇拜“轻”资产运营的科技公司来说，这样的模式并不是他们想要的。用 John Krafcik 的话来说就是：“我们是一家自动驾驶技术公司，不是一家汽车公司，关于这点存在很多的误解，Waymo 的业务并不是为了制造更好的汽车，而是为了创造更好的司机。”

自从 2010 年谷歌正在开发无人驾驶汽车的秘密大白于天下之后，底特律与硅谷之间的隔阂就开始日渐加深，彼此间的矛盾也成了家常便饭。汽车行业的高管对于谷歌从 DARPA 竞赛中招募工程师这一行为不屑一顾。谷歌的无人车团队，被他们称为“乌合之众”。与此同时，谷歌的工程师同样对底特律小心翼翼，亦步亦趋的 ADAS 系统嗤之以鼻。谷歌说，如果你想飞起来，天天练习跳高有什么用。

美国第三大汽车制造商克莱斯勒公司嘲笑自动驾驶汽车的想法竟然是由一个“搜索引擎公司”提出的。在他们拍摄一个的电视宣传片中也不忘贬低谷歌的无人驾驶汽车：演员 Michael C. Hall 将 2011 年的道奇 Charger 称为“人类抵抗军的领导者”，随后说“我们已经可以预见，未来将会以机器人对人类的屠杀而告终”。

通用汽车在 2010 年年底开始销售插电式混合动力型雪佛兰沃蓝达(Chevrolet Volt)，这也是底特律备受瞩目的产品，被认为是通用汽车用来与丰田混合动力汽车 Prius 抗衡的中流砥柱。谷歌团队的成员也被邀请参加了通用汽车策划的相关活动。在封闭赛道举行的驾驶表演期间，其中一个谷歌雇员在转弯时有意地展示了其漂移技巧，但在漂移过程中，车辆撞到了安全锥筒。愤怒的通用汽车经理把谷歌团队的成员轰离了活动的现场。通用公司的经理说：“我们需要给予他们一些限制，他们可不是好司机。至少他们比不上底特律那些开车的家伙们。”知情人士说，后来通用汽车公司的研发负责人 Jon Lauckner

参观了谷歌公司的无人车园区，但对该技术能否投入使用表示怀疑。

福特公司的高管在看完谷歌的道路测试后，决定推迟他们的无人车计划，并认为该做法还远不成熟。据当时与福特联系合作的谷歌前员工说："他们看着我们的汽车，把它们视作科学实验品。"2014 年，谷歌与日本汽车制造商本田公司也进行了初步接触，但讨论没有继续进行下去。本田汽车硅谷办公室负责人 Nick Sugimoto 说："他们太死板了。他们不清楚自己想要什么，况且他们根本不听我的。"

彼此的不信任在汽车制造商、打车公司、租车企业和科技巨头之间形成了一系列混乱的联盟。Krafcik 这位经验丰富的船长必须小心翼翼地驾驶 Waymo 这艘小船在技术转型和公共关系的巨浪中穿行。一位 Google X 部门的负责人在谈到 Waymo 成立初期 Krafcik 面临的各种挑战时说："他需要成为一名未来学家、一名技术专家，一位推销员、一名反监管者、一名黑客、一位金融专家。"

在 Waymo 商业模式的讨论中，Krafcik 在白板上写下了两个数字，30 000 亿和 1700 万。前面较大的数字是 2015 年美国汽车总的驾驶里程数，而后面较小的数字则是美国当年的新车销量。Krafcik 解释说"现在这个行业努力做的事情在一百多年前已经存在了，但我们正在迈向一个由里程驱动的新世界。"在 2016 年 12 月的一篇博客文章中，Krafcik 表示："可以看到我们的技术在私人车辆、共乘、物流或解决公共交通的最后一英里问题方面非常有用"，而且"下一步 Waymo 将会让人们用我们的车辆做日常事情，如跑腿、上下班或者在镇上过夜后安全回家"。Krafcik 将 Waymo 的商业模式最终定格为了一个词，即"运输即服务"（TaaS）。他对外反复宣称的口号就是："我们并非某种破坏性的因素，而是赋能的力量。"这个定位逐渐打消了底特律那些汽车公司担心哪天被这个硅谷巨头所取代的疑虑，而开始考虑接受 Waymo 递上的橄榄枝。

2017 年，Krafcik 对外表示，他已经与克莱斯勒公司的首席执行官 Sergio Marchionne 进行了接触，Waymo 将与 Chrysler 共同开发一款可以大规模量产的无人驾驶汽车。之后不久，克莱斯勒的两位高管宣布与 Waymo 达成交易，他们准备将 Waymo 研发的传感器和控制软件集成在 100 辆 Chrysler Pacifica（克莱斯勒大捷龙）混合动力车中，并将在年底扩大至 500 多辆。这帮助 Waymo 部署了数目庞大的无人驾驶车队，其无人车测试里程开始“狂飙”。Waymo 在 2018 年 7 月底宣布其无人驾驶车队在公共道路上的路测里程已达 800 万英里，平均每天行驶 25 000 英里，通过仿真系统模拟行驶了超过 50 亿英里（图 1–34）。在高级别无人驾驶汽车的实际测试里程中，Waymo 遥遥领先。

图 1–34　Waymo 公司无人车路测里程

2017 年 4 月，Waymo 宣布在凤凰城进行自动驾驶汽车的公开测试工作。这次测试工作与以往不同的是，将有上百个家庭参与其中，是 Waymo 首次面向公众大规模开放的测试（图 1–35）。Waymo 在每辆车上配备了一名安全员，一是为了防止突发情况的发生；二是要获取乘客的乘车体验。

图 1–35　Waymo 无人车公众开放测试

进入 2018 年，Waymo 在亚利桑那州的 Early Rider 项目中首次尝试在部分车辆中取消安全员，乘客开始真正乘坐完全无人驾驶的汽车。为了安全起见，中间座位顶部也预留了急停和通信按钮，让乘客自己充当安全员。2018 年 12 月 5 日，Waymo 正式在美国推出付费无人出租车服务——Waymo One，商业化进程再添里程碑事件。Waymo 也因此成为世界上第一家开始利用无人驾驶汽车挣钱的企业。Waymo One 的运营方式与国内滴滴打车类似，用户通过 APP 线上订购出行服务，只不过提供服务的车辆中没有司机，只有一名安全员。目前，Waymo One 还是针对小部分群体开放，只对早期参与 Early Rider 项目的上百名客户提供服务，并且只在凤凰城市郊 4 个地区运营，总面积约为 258 km^2。虽然还只有小部分人能体验到 Waymo One 服务，但我们还是能越来越清晰地感受到：一个新的无人驾驶汽车时代已经到来，并且它改变我们生活的速度正在加快。

随着 Waymo 的诞生，无人驾驶汽车终于从达·芬奇画布上穿越般的幻想，变成了有可能彻底改变人类出行方式的新型交通工具。但这并不是无人驾驶汽车故事的终结，甚至也不是终结的开始，而仅仅是开始阶段的终结！

●●●● 第二章

智能汽车：第四次工业革命下的蛋

第一节　第一次工业革命与蒸汽汽车

今天我们开的汽车大多是烧汽油或烧柴油的，可你听说过带风帆的、上发条的，或者烧煤的汽车吗？

工业革命之前的脑洞

在汽车诞生之前，马车一直是人类最重要的交通工具。相传早在4600多年前的黄帝时代，劳动人民就发明了舟车。公元前21世纪，奚仲就任夏朝的“车正”（古代职掌车服诸事的官员）。在商代，我国就已经能制造相当精美的两轮车，成为世界上最早用车的国家。公元13世纪，我国的马车制造技术通过丝绸之路和海路传到了欧洲。16世纪，欧洲马车制造业兴起，出现了具有弹簧缓冲装置的双轴四轮马车。不过牛和马毕竟都是有生命期的动物，也有生老病死。虽说老马识途，但真碰到个600里加急的快递，也只能慨叹心有余而力不足了。

所以，人类一直想寻找一种不用牛或马拉动，自个儿就能跑的车。除了诸葛亮发明木牛流马这种运输工具之外，人类第一个付诸行动的是荷兰人西蒙·斯蒂芬。1600 年，他根据帆船靠风力推进行驶的原理，造出了“双桅帆车”（图 2–1）。简单理解就是把帆船装上 4 个轮子拿到陆地上用。这个方法简单粗暴，虽说也能走几步，但全要看老天的“脸色”。

图 2–1　双桅帆车纪念邮票

还记得在前文中我们提到的那个意大利天才达·芬奇在画布上设计的发条自动车吗？1649 年，一个德国的钟表匠汉斯·赫丘，根据达·芬奇的想法真的造出了一台发条车（图 2–2）。但问题是发条所提供的动力很弱，也没办法持续。每前进一两百米，就需要给车上的发条上劲儿。而且发条车的速度也非常慢，每小时走不到 1.6 km。别忘了，一个成年人平均步行的速度是 5 ~ 7 km/h。所以，这种自动车基本上没什么实用性。

图 2–2　汉斯·赫丘发明的发条车

1605年，一位比利时传教士南怀仁来到了中国。当时康熙皇帝年轻气盛，没有那些旧派的顽固思想，也愿意接纳新事物。因此，南怀仁不仅成为康熙科学知识的启蒙老师，还有自己的时间和权限去研究天文历法及军事武器。1672年，南怀仁发明了一个蒸汽驱动的五轮车（图2–3）。这辆车有四个驱动轮和一个导向轮。车身中间安装了一个煤炉子，上面放置了一个盛满水的金属曲颈瓶。瓶内的水加热到沸腾再至汽化，就会产生一定的压力，蒸汽由弯曲的瓶口高速喷出，叶轮在蒸汽的冲击下转动，产生的动力通过齿轮传递给车轮，驱动车辆前进。但是这么先进的东西，在康熙皇帝的眼里也只是一个仅供消遣的玩意儿，并没有给予足够的重视。要不然，世界上第一辆汽车或许就会诞生在中国。不过这个车也有个致命的问题，就是喷完一壶水蒸气就停止了，不能持续不断地前进。

图2–3 比利时传教士南怀仁发明的蒸汽驱动的五轮车

蒸汽汽车的诞生

虽说人类想了各种办法，历经数次尝试都没有成功，但追求机械动力的梦想并没有破灭，一直在苦苦求索，矢志不渝。历史经验告诉我们，每当人类面临重大问题没法解决的时候，就预示着一场革命即将发生。这次闪亮登场的是一个叫托马斯·纽可门（Thomas Neucomen）的英国人。1712 年，纽可门发明了世界上第一台蒸汽机，从而拉开了划时代的第一次工业革命的大幕。

蒸汽机一经问世就立刻成为最先进、最时髦的机械动力源，人们迫不及待地就开始尝试用它来驱动车辆了。法国路易十四命令陆军工程师尼古拉斯·约瑟夫·古诺（Nicolas-Joseph Cugnot）利用蒸汽机研制一辆能够拉动大炮的牵引车，以增强法军的战斗力。1769 年，古诺成功制造出了世界上第一辆蒸汽机驱动的三轮汽车。1771 年，改进后的车长 7.2 米、宽 2.3 米，可以乘坐 4 个人，时速达到 9.5 km。在前轮前面特制的架子上悬吊着一个 0.05 m^3 的大锅炉，产生的水蒸气被送往前轮上方左右垂直悬挂的气缸内，带动两个活塞使前轮转动（图 2-4）。

图 2-4　古诺利用蒸汽机制造的大炮牵引车

由于该车没有转向装置，因此只能直线行走，而且每 15 分钟就要停下车向锅炉加煤添水。车辆行驶非常不稳定，也没有刹车装置，后来在试车途中撞到城墙上损坏了。这可能……是世界上第一起汽车车祸吧。尽管古诺的这项发明还不足以被用在战场上，但它却成为古代交通运输（以人、畜或风为动力）与近代交通运输（动力机械驱动）的分水岭，具有划时代的意义。1789 年，拿破仑一世下令修复此车，并于 1801 年被送到巴黎法国国立工艺学院博物馆保存。

继古诺之后，整个欧洲大地可谓是掀起了研制蒸汽汽车的热潮。尤其是

1781 年瓦特改进的蒸汽机问世后，造车技术更是突飞猛进。到 19 世纪初，蒸汽汽车就已经达到了实用的水平。

1801 年，英国人理查·特里维西克制成了“伦敦蒸汽马车”，它是最早的载人蒸汽车辆之一，也是第一辆真正投入市场的蒸汽机车辆，能乘坐 6 人，最高速度 27 km/h。

1804 年，法国人脱威迪克制造出了一辆蒸汽汽车。该车比古诺的车有了很大的进步，表现为动力增强、噪声降低，速度也有一定的提高。这辆车拖着十几吨的重物行驶了 15.7 km，创下了当时汽车负重行驶的纪录。

蒸汽汽车的黄金时代

蒸汽车辆开始在富裕的英国流行起来。1827 年，嘉内（Gurney）公爵将自己发明的蒸汽汽车投入了商业运营（图 2–5）。他的蒸汽巴士行驶速度可达到 19 km/h，可载 10 名乘客，能够在伦敦和巴斯之间往返运行，近 200 km 的路程也打破了之前汽车运行的距离记录。这便是世界上最早的公共汽车了。

图 2–5　嘉内公爵发明的蒸汽汽车

更具有创新性的蒸汽汽车是 1928 年法国人配夸尔设计制造的。配夸尔首次采用了将发动机放于车的前端，由后轴进行驱动的方式，中间则用链条进行传动。为了转弯方便，配夸尔蒸汽车的后轴系由两根半轴构成，当中由差速齿轮连接，这就是最早的差速器（图 2–6）。另外，两个前轮是各自与车架弹性相接的，这就是最早的独立悬挂。

图 2–6　配夸尔设计制造的蒸汽汽车

19 世纪中叶可以说是蒸汽公共汽车的“黄金时代”，但是越到后期出现的问题也越多。蒸汽汽车大部分的载荷都用来装水和燃料了，而需要的动力越大，就得装备更大的锅炉，那么水和燃料也要准备得更多。这样一套装备下来东西太多，车身就笨重了，又要加固车身，这样的恶性循环使得整个车很重。而且那么大的锅炉，一不小心就会炸锅。因此，蒸汽机自身的使用环境还是有太多限制，像轮船和火车这种大型运输平台可能更适合蒸汽机发挥作用，而汽车还是需要更小型的动力装置来满足。所以到了 19 世纪中叶以后，由于蒸汽汽车体积大、速度慢、热效率低，随着内燃机的出现最终还是退出了历史舞台。

虽然烧煤的蒸汽汽车在历史舞台上的时间并不太长，但第一次工业革命第一次为人类带来了一种相对稳定、可靠的新动力，使人类交通运输彻底告别了生物动力。

第二节　第二次工业革命与内燃机汽车

第二次工业革命也被称之为电力革命，终结了蒸汽汽车时代，催生了原始电动汽车新物种，却意外成就了内燃机汽车一统江湖的霸业。

第二次工业革命始于 19 世纪 70 年代左右，主要标志是电力的广泛应用。电的发明从最初的理论认识到实践应用经历了几个世纪的发展，直到 1859 年法国人普兰第发明铅酸蓄电池，1866 年德国人西门子发明直流发电机，1870 年比利时人格拉姆发明电动机，1877 年美国人爱迪生在纽约建造第一个火力发电厂为电灯提供电能服务，电力资源的神奇效用才逐渐走进人们的视野。电力开始被用于带动机器，电力工业和电器制造业迅速发展，成为补充和取代蒸汽动力的新能源，人类从此跨入了“电气时代”。

电动汽车初次亮相出手不凡

1859 年，法国物理学家加斯东 · 普兰特（Gaston Plant é）发明了由铅阳极和浸入硫酸中的二氧化铅阴极组成的铅酸电池（图 2–7），这是有史以来第一块可以通过反向电流充电的电池。从此，人们可以像保存木材、粮食一样把电

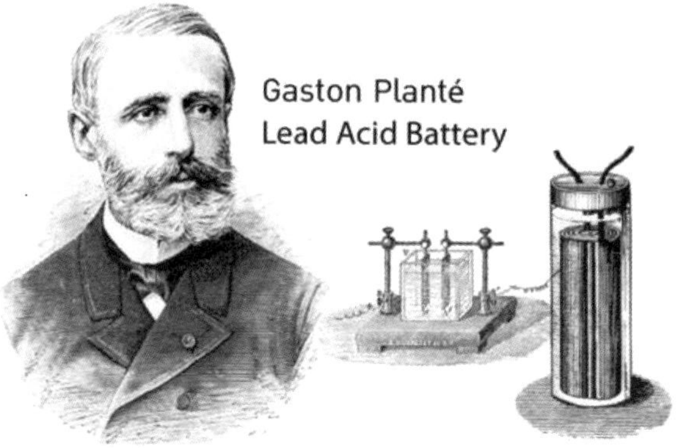

图 2–7　普兰特及其发明的铅酸电池

保存起来，以备不时之需。这无疑是自人类发现电之后，最为伟大的发明之一。1866 年，德国发明家西门子发明了自激式直流发电机，为铅酸蓄电池提供了稳定可靠的电源。这两项发明为电动汽车的诞生奠定了必要的物质基础。

1873 年，英国人罗伯特·戴维森（Robert Davidsson）制造了世界上最早的可供实用的电动汽车，但他使用的是铁、锌、汞合金与硫酸进行反应的一次性电池。这辆车也被认为是最早的电动汽车，比德国人戴姆勒（Gottlieb Daimler）和本茨（Karl Benz）发明的内燃机汽车还早了十多年。

1880 年，法国人古斯塔夫·特鲁夫（Gustave Trouv é ）提高了西门子开发的小型电动机的效率，并将 6 节最新的铅酸蓄电池安装在英国 James Starley 三轮车上，从而发明了世界上第一辆可反复充电的电动汽车（图 2–8）。3 年之后，英国工程师托马斯·帕克（Thomas Parker）成功制造了世界上第一辆可以量产的电动汽车。

图 2–8　特鲁夫发明的电动汽车

随着电池和电机技术的进步，以及电力的普及，电动汽车在 19 世纪 90 年代后期开始进入了黄金时期。1896 年，哈特福德电灯公司（Hartford Electric

Light）提议建设充电基础设施，让人们可以从通用车辆公司（通用电气的子公司，与通用汽车无关）购买不含电池的电动汽车，哈特福德则为人们提供更换电池的服务。这项服务从 1910 年一直持续到 1924 年，其间共帮助车主们行驶了近 1000 万 km 的路程。哈特福德比现代换电服务模式倡导者——以色列 Better Place 公司早了将近 100 年的时间。1897 年，全新的电动出租车出现在了纽约街头，这标志着电动汽车商用化进程开启。1898 年，Jeantaud 公司制造的电动汽车 Duc（公爵），在一天内分别以 63 km 和 93 km 的时速两次打破陆地速度记录。而打破 Duc 速度记录的，仍然是一辆名为“永无止境”的电动汽车，它由比利时人 Camille Jenatzy 制造的，在 1899 年创下了 106 km/h 的记录。

早期的电动汽车得到了大发明家托马斯 · 爱迪生的鼎力支持。他相信电动汽车比蒸汽汽车和内燃机汽车更优越，并努力开发性能更好的电池。爱迪生还与内燃机汽车巨头——亨利 · 福特合作，一起探索降低电动汽车成本的办法。亨利福特的妻子开的也是一辆底特律电气公司生产的电动汽车。这辆名为 Brougham 的电动汽车目前仍然珍藏在福特博物馆中（图 2–9）。19 世纪下半叶，电动汽车成为交通运输的重要工具，写下了电动汽车在人类交通史上的辉煌一页。

图 2–9　福特博物馆珍藏的 Brougham 电动汽车

刚出生的内燃机汽车简直弱爆了

内燃机是继蒸汽机之后，人类又一项伟大的发明。1800 年，艾提力 · 雷诺(Etience Lenor) 制造了一种燃料可以在内部燃烧的发动机，人们后来称这类发动机为内燃机。1867 年，德国工程师尼古拉斯 · 奥托成功研制出了世界上第一台往复活塞式四冲程煤气发动机。后来奥托又进一步改进了他发明的内燃机，提高了发动机效率。内燃机与蒸汽机相比极大地缩小了体积，更适合汽车使用。因此，1885 年德国工程师卡尔 · 本茨（Karl Benz）首次将单缸四冲程汽油发动机安装到一辆三轮车上，从而发明了世界上第一台内燃机汽车（图 2-10）。1886 年 1 月 29 日，卡尔 · 本茨成功地为他所研制的三轮汽车取得了专利证书（第 37435 号）。所以 1886 年 1 月 29 日也被公认为现代汽车的诞生日，卡尔 · 本茨成为公认的“汽车之父”。

图 2-10　卡尔 · 本茨发明的世界上第一台内燃机汽车

在驾校的第一堂课，教练通常都会告诉学员，上车后的第一件事儿就是“打火儿”启动车辆。虽然现在的汽车启动非常简单，拧下钥匙或按下启动按钮就可以了，但早期的内燃机汽车启动却是一件非常麻烦，甚至还有点危险的事儿。在汽车正式诞生以前的1874年，德国人马尔卡斯试制过一辆汽车，这辆车既无离合器也无变速器，起动时需要两个人将后轮抬起，驾驶员用摇杆手摇起动发动机后迅速抽出摇杆跳上汽车，等一切准备妥当后，抬车的两人一同放下后轮，汽车突然前冲，完成起动。1885年，德国人卡尔·本茨发明的世界上第一台内燃机汽车，也是通过手摇的方式启动的，只不过不用再将后轮抬起来了。

手摇式起动机是早期非常常见的一种汽车点火装置。用手摇动一个与发动机曲轴相连的曲柄，转动若干下后，发动机气缸内开始自行进行点火做功，从而启动整个汽车（图2–11）。虽然手摇曲柄启动器简单可靠，但它需要一定程度的体力才能转动发动机。因此在一开始，女人可能连启动车子都费劲，汽车自然就成了男人的玩具。除了需要很大的手臂力量之外，这种手摇启动的方法还具有一定的危险性，如果司机忘记关闭点火开关，那么在摇车时就会造成发动机回火或者车辆自动前行，这两种情况都会造成很危险的后果。1910年，凯迪拉克的老板亨利·利兰的一位好朋友在用摇把子发动汽车时，就被反弹回来的摇把子击中，不幸伤重身亡。

图2–11 早期的手摇式起动汽车

除了手摇启动之外，汽车制造商还想了多个其他的办法来启动汽车，如使用弹簧或者火药。弹簧起动器类似于手摇起动器，因为它们要求操作员先通过缠绕动作使能量储存在弹簧上，再利用弹簧上的能量带动曲轴运动，从而点燃发动机。而所谓火药启动器，就是在气缸里放一点火药，火药引爆后带动气缸活塞运动，发动机开始在其自身动力下运转。

20 世纪 20 年代初，在美国的汽车保有量中电动汽车占 38%，蒸汽机汽车占 40%，燃油汽车仅占 22%。那时，蒸汽机汽车主要是公共交通工具，电动汽车则是工业大亨或金融巨头的出行工具及财富象征，而燃油汽车简直弱爆了。

电动汽车的“猪队友”神助攻燃油汽车

为了扭转不利的局面，内燃机汽车制造商开始琢磨如何利用最新的电气技术开发自动启动机。1896 年，英国电气工程师 H. J. Dowsing 发明了世界上第一个电子起动器，并将它安装在一辆 Arnold 公司改装的奔驰车上。Dowsing 将发电机与飞轮结合在一起，既能启动车辆，又能利用飞轮上储存的能量辅助车上坡。

1910 年，文森特·本迪克斯（Vincent Hugo Bendix）发明了 Bendix 驱动器，该装置可以使起动电动机的小齿轮自动地接合或脱离发动机的飞轮（图 2–12）。Bendix 驱动器使得电子起动器更加适用于汽车发动机，后来也被用于飞机和其他机动车的发动机。

图 2–12　Bendix 驱动器

1911年，代顿工程实验室公司（DELCO）获得了一项电动启动机的专利。它是由Delco公司创始人查尔斯F. 凯特琳（Charles F. Kettering）发明的。该启动器以一个小型直流电动机为动力来源，电动机用蓄电池驱动，一个传动机构把电动机运转时所产生的扭矩传递到发动机的飞轮上，以带动发动机曲轴转动。发动机起动后，电动机停止运转，为了防止发动机反过来带动电动机高速运转，一个“单向离合装置”会自动中断电动机与发动机飞轮之间的动力传递。这种结构方式有效地保证了起动过程中的安全，解决了关键问题。他于1933年1月9日成为《时代》杂志的封面人物（图2–13）。

图2–13　1933年《时代》杂志封面人物凯特琳

凯特琳是一个充满争议的传奇人物，他发明了汽油添加剂四乙基铅，消除了发动机的爆震，但却让千千万万的人深受铅的毒害；他发明了空调和冰箱的制冷剂氟利昂，却给地球臭氧层捅了一个大窟窿。

1912年，美国通用汽车公司的豪华汽车凯迪拉克Model 30首次装备了Kettering启动机，这个电机同时也作为一个发电机给车载电池充电（图2–14）。从此以后，电力系统也成为内燃机汽车的一部分，而不再为电动汽车所独有。而有了电力以后，很多舒适性配置也都成为可能，内燃机在人们心目中的形象也不再像以前那样费力危险了。

图2–14　凯迪拉克Model 30

强大的朋友圈帮助内燃机汽车实现了一统江湖的霸业

Kettering 启动机让内燃机汽车初步具备了与电动汽车一较高下的能力，但真正成就内燃机汽车一统天下霸业的，则是其逐步壮大的产业生态圈。帮助内燃机汽车一统天下的主要有 3 个小伙伴，即加油站、高速公路和亨利 · 福特。

当最早的燃油汽车开始在城市和乡村道路上穿行的时候，加油是件不太容易的事。早期常见的加油站通常附属于杂货店，一般在屋后储存大桶的汽油，当有汽车来加油时，用 5 加仑的桶自大桶灌取，然后倒入汽车油箱，即完成了交易。1905 年，手动加油机被发明出来，自此开始了加油站的发展史。两年后，世界上第一座加油站由加州标准石油公司（雪佛龙公司的前身）在美国的西雅图建成。油站里仅有一台手动加油机和一条管线及连接的油罐。1913 年，海湾石油公司在匹兹堡建造了第一座非路肩（OFF-STREET）加油站，包括混凝土地坪、围栏、站房，装备了新式的加油机，这种整体结构成为现代加油站的雏形，一直延续到现在。

从 1920 年开始，石油公司开始大规模建设自有加油站，并进行一系列的油站标准化进程。包括标准化设计的站房、罩棚、品牌标志、颜色，以及统一的加油设备、客户服务规范等（图 2-15）。这一行动旨在建立品牌和形象，树立用户对石油公司的信心。标准化过程受到市场欢迎，并得到了良好的回报。1922 年，壳牌石油公司在美国西海岸建设的 1841 个加油站中，200 个经标准化改造后的加油站销量上升到当年所有加油站销量的 40%。20 世纪 30 年代是美国加油站大发展的时期，到 1933 年全美加油站数量已经达到 17 万个。加油站的普及，使人们不必担心车子在半路上没油的问题，反过来刺激了汽油车的销售。与此相反，电动汽车所需的充换电基础设施则没有明显的进步，开电动汽车出门找充电桩仍然是一件令人头疼的事儿。

图 2-15 美国 20 世纪 20 年代的加油站

19 世纪末 20 世纪初，在第二次工业革命浪潮的推动下，农村人口大量向城市转移，有力地推动了西欧和美国等发达国家和地区的城市化。交通运输不仅是生产要素流通的桥梁和纽带，也是城镇化顺利推进的基本保障和基础性支撑。于是，一场新的探索在德国拉开了序幕。1909 年，德国 AVVS 组织在柏林西南动工修建一条快速赛车试验道。这条长 10 km 的试验道为双向多车道结构，道宽 7.8 米，道路中间用草皮和灌木分隔，沿途的 10 个道口均设有混凝土高架桥。这条试验道初步具备了现代高速公路的基本特征。

第一次世界大战结束后，出于恢复经济的需要，德国相继制订了一些公路发展计划。1928 年，时任德国科隆市市长、战后任联邦德国第一任总理的阿登纳开始筹划修建科隆至波恩“专供汽车行驶的”城际快速公路（图 2-16）。在筹划过程中“高速公路”这一名词首次现世。1932 年 8 月 6 日，科隆至波恩高速公路建成通车。阿登纳在通车典礼上宣布“公路将以此展示未来”。随后，德国高速公路发展迅速，到 1936 年 9 月，累计建成 25 个高速公路项目，高速公路通车总里程超过 1000 km。到 1939 年，这一数字达到 3895 km，连接全国所有州和重要城市的高速公路网初步形成。1953 年，艾森豪威尔就职美国第 34

任总统后启动了州际高速公路系统规划，旨在形成郊区的基本道路系统。高速公路的建设让人们在周末带上家人或朋友开车到郊区呼吸呼吸新鲜空气，或者来一次说走就走的旅行成为新的生活方式。而电动汽车可怜的续航里程则只能让人们在城市里转悠转悠，完全不能满足人们对诗和远方的渴望。

图 2–16　德国早期的高速公路

必须说明的一点是，此时无论是电动汽车还是燃油汽车都还非常昂贵，绝非一般工薪家庭能够拥有的奢侈品。但这种情况随着亨利·福特的 T 型车的下线得到了彻底的改变（图 2–17）。1910 年，亨利·福特在底特律郊区开设了新工厂 Highland Park，第二年 T 型车的售价就降低到了 680 美元，而 1914 年更是进一步降到 440 美元，仅相当于今天的 1 万美元，这是一个前所未见的最普通的美国人也能支付得起的价格，差不

图 2–17　福特 Model T 广告海报

多只是同时期主流电动汽车和蒸汽机汽车的 1/5。

这就是第二次工业革命期间，电动汽车与内燃机汽车“相爱相杀”的故事，安静、清洁、易于操作的电动汽车甫一问世就深受富人们的欢迎，但由于内燃机汽车得到了更多小伙伴的支持，构建了更强大的产业生态圈，因此，在竞争中成为最终的王者。

第三节 第三次工业革命与电动汽车

第三次工业革命将帮助电动汽车涅槃重生！

第三次工业革命始于 20 世纪 60 年代左右，主要标志是电子计算机的发明和广泛应用，因此，也通常被称为数字革命或信息革命。电子计算机是利用数字电子技术，根据一系列指令指示并且自动执行任意算术或逻辑操作串行的设备。通用计算机因有能遵循被称为“程序”的一般操作集的能力而使得它们能够执行极其广泛的任务。我们今天日常使用的“电脑”一词通常也是指此类通用计算机，不过现在计算机最为普遍的应用形式却是嵌入式。嵌入式计算机通常相对简单、体积小，并被用来控制其他设备——无论是汽车、飞机还是工业机器人。

1945 年，世界上第一台电子计算机伊尼亚克（ENIAC）在美国宾夕法尼亚大学诞生。它使用了 18 800 个电子管，1500 个继电器，耗电量约为 150 kW，它的运算速度为每秒 5000 次，比其他计算设备要快 1000 倍。

1947 年，约翰 · 巴丁、沃尔特 · 布喇顿和威廉 · 肖克利发明了晶体管。晶体管体积更小、速度更快、价格更加低廉、性能更加可靠，这使得它们可以商品化生产，因此，催生了第二代电子计算机——晶体管计算机。1956 年，美国研制了军用小型晶体管计算机，此后不久，第一台大型通用晶体管计算机于 1959 年问世。晶体管计算机的运算速度大幅提升达到每秒几十万次，内存容量变为几十万字节，但它的成本、体积、功耗和重量均大幅降低。1959—1964 年设计的计算机一般被称为第二代计算机。

20 世纪 60 年代，第三代电子计算机——集成电路电子计算机正式诞生。1964 年，IBM 完成了 IBM360 系统的研制，集成电路计算机的时代由此展开。此时，十几个乃至数百个电子组件组成的逻辑电路已经可以创建在几平方毫米大的单晶硅片上，它们组成的小规模集成电路代替了分立组件。这代计算机的速度提升至每秒百万次量级，体积更小、能耗更低、价格更低、可靠性更强，软件也更加完善。1964—1972 年的计算机一般被称为第三代计算机。

到了 20 世纪 70 年代，大规模集成电路技术的引入大大降低了计算机生产成本，计算机从此开始走进千家万户。1972 年以后的计算机习惯上被称为第四代计算机。与此同时，美国各大院校的计算机工程师开始使用电信技术把他们的计算机连接起来。由于这方面的工作得到了 ARPA 的赞助，其计算机网络也就被称为 ARPANET。最初这些网络设备仅限于为高端科学工作者所使用，但 20 世纪 90 年代后，随着电子邮件和万维网技术的扩散，以及以太网和 ADSL 等网络连接技术成本的降低，互联网络开始变得无所不在，最终形成了今天的国际互联网，人类由此进入了“信息时代”。

内燃机汽车的盛世危机

1913 年，福特公司开发出了世界上第一条汽车流水线，生产一辆汽车需要的时间从 728 个工时缩短至 12.5 工时以下，生产效率大幅提升。汽车价格则从 900 多美元下降到 260 美元，让普通人也可以买得起。汽车首先在美国开始普及。1916 年，在美国登记的汽车有 340 万辆，到 1929 年，这个数字上升到了 2310 万辆，占全世界汽车总量的 78%，平均每 5 个人就有一辆汽车。相比之下，英国是每 30 人拥有一辆汽车，法国是 33 人，德国是 102 人，日本是 702 人。第二次世界大战之后的 1946—1955 年，美国汽车产量由 310 万辆剧增到 920 多万辆。美国汽车的普及率从 1917 年的 47 辆／千人上升为 1930 年的 252 辆／千人，1967 年达到了 500 辆／千人，成为名副其实的“车轮上的国家”。全世界的汽车保有量在 20 世纪 50 年代末突破了 1 亿辆，10 年后这个数字又翻了一番。但事物都是在矛盾之中运动着的，在汽车保有量快速增长的背景下，两大危机也正在慢慢逼近，即石油危机和环境危机。

汽车保有量的激增，促进了石油工业的迅猛发展，但也为石油危机埋下了导火索。第二次世界大战后，中东的石油被大量开采，成为世界石油的主要来源，石油价格非常低廉，仅 2 美元一桶。1948—1970 年，全世界石油消耗量增加了 5 倍半。这种急剧增长的石油消耗首先是因为工业国家人民生活水平提高，汽车拥有量迅速增加，其中西欧增加了 15 倍，日本增加了 137 倍。那个时候的汽车制造者不必考虑任何与燃油有关的问题，他们唯一需要关心的只是每年推出更大、动力更强劲、外观更时尚的新车型。若那个时候有个畅销车排行榜的话，通用、福特和克莱斯勒这三巨头制造的大功率肌肉车一定是当时最风光的王者，尽管它们每加仑汽油的行驶里程仅有不到 10 英里，但这在那个年代并不足为虑。

进入 20 世纪 70 年代，由于美元大幅贬值，使石油输出国蒙受了巨大的损失，他们坚持要求西方石油公司大幅提高石油价格。1973 年 10 月，埃及和叙利亚分别攻击被以色列占领的西奈半岛和戈兰高地，第四次中东战争爆发。由于美国总统尼克松宣布向以色列提供 22 亿美元的援助，沙特阿拉伯针锋相对地开始对美国实行石油禁运。石油输出国组织（OPEC）把石油价格从 1973 年初的每桶 2.89 美元提高到 5.11 美元，1974 年大幅提高到 11.65 美元，随后逐年提升，1981 年石油价格达到了 34.87 美元。石油价格的猛涨，对石油消费大国的打击是非常巨大的。1973 年起，由于石油危机西方国家结束了战后 20 年的经济高增长时期，进入了“滞胀”期。英国的《经济学家》杂志惊呼：“阿拉伯人扼住了西方的喉咙。”

另外，自从工业革命起，因为人类大量使用煤炭、石油等化石燃料，导致大气层内二氧化碳、一氧化碳、二氧化硫、氮氧化物及固体颗粒物等污染物急剧增加，空气污染问题日益严重。英国是世界上最早进行工业革命的国家，也是最先受到空气污染侵袭的国家之一。1952 年发生的举世瞩目的伦敦烟雾事件导致约 4000 人因呼吸道疾病等原因死亡，10 万人致病。同一时期，美国也接连发生了多诺拉烟雾事件、洛杉矶光化学烟雾等大气污染事件，造成大量人员伤亡（图 2–18）。这些事件让公众开始意识到空气污染及其对健康影响的严重性，反汽车论的声音开始出现。此后，美国联邦政府相继制定了《空气污染控制法》《清洁空气法》《机动车空气污染控制法》等法律，希望通过法律手段达到解决大气污染问题的目的。1970 年，联邦政府修订了《清洁空气法》，组建了美国环境保护署（EPA）作为一个独立的行政机构，在美国各地划定了由相关的州政府组成联合委员会管理的州际控制区和由本州单独管理的州内控制区。随着 1965 年《机动车空气污染控制法》和 1970 年《清洁空气法》的实施，美国汽车三巨头被要求在此后的 6 年内将汽车的尾气排放量降低 90%。

图 2–18　20 世纪 40 年代洛杉矶的空气污染情况

石油危机和环境危机对世界汽车工业发生了重大影响。美国人一向喜欢宽大、豪华、高性能的轿车，对耗油量毫不在乎，能源危机迫使他们开始注意节油问题，使用排量较小的汽车。从此，节能和环保成为引领汽车技术发展的重要课题，由于具有零排放的独特优势，电动汽车再次引起人们的关注。

在第三次工业革命时期，中国初步完成工业化，补上了100多年欠下的功课。20世纪80年代，西方发达国家纷纷去工业化，中国抓住机遇，承接产业转移，成为世界工厂。中国的汽车产业也在此期间实现了跨越式的发展。

据中国汽车工业协会统计，2018年中国汽车产销量分别为2780.9万辆和2808.1万辆，连续10年蝉联全球第一。海关总署公布的数据显示，2016年我国原油进口量攀升13.6%至3.81亿吨，创下日均763万桶的纪录新高，12月更是超越美国成为全球最大石油进口国。在这种情况下，国内原油对外依存度持续大幅攀升，已超过60%的警戒线。当前中国汽车耗油约占整个石油消费量的1/3，预计到2020年这个比例将上升到57%。工业和信息化部预测，到2020年，中国汽车保有量将达到2.5亿量，消耗成品油约4亿吨，也就是说，汽车的平均年耗油量为1.6吨／辆。由此而引发的能源安全和环境污染等一系列问题都在倒逼我国汽车产业必须寻找新的可持续发展之路。

电动机与内燃机协同工作

1994年，时任丰田社长的丰田英二提出了一个犀利的命题："改变一成不变的汽车模式，必须挑战前所未有的开发，否则丰田就不可能在21世纪继续生存。"领命者是内山田竹志，貌不惊人的他带领着"G21项目组"开启了一条前所未有的开发征程。什么是面向21世纪的汽车？最根本需要解决的问题是什么？这是内山田竹志带领的团队必须要回答清楚的问题。随着探讨的深入，问题的本质逐渐清晰。内山田竹志敏锐地意识到，除了安全以外，汽车所造成的环境污染及石油资源的不可再生性，都将是制约可持续发展的壁垒。因此，必须制造具有优异燃油经济性的环境友好型汽车。最初，G21项目组的目标是：在以往技术的基础上进行延伸开发，将燃油经济性提高1.5倍左右。"但如果仅仅是以现有的能力就能够达到的，那太不彻底，谈不上是面向21世纪的技术"，内山田回忆道，他最终的决定是："有必要实现根本上的应对，颠覆以往进行创新性开发，将汽车燃油经济性提高 2 倍。"这意味着如果依靠传统发动机改良，目标根本不可能实现，唯一的解决方案就是——油电混合动力。

丰田并不是第一个提出混合动力概念的公司。事实上，早在 1899 年，德国工程师费迪南德·波尔舍（Ferdinand Porsche）就设计出了一辆名为"Lohner-Porsche Mixte Hybrid"的油电混合动力汽车。1909 年，比利时工程师 Henri Pieper 则获得了世界上第一辆混合动力汽车的专利——"Mixed Drive for Autovehicles"（US913846A）。只不过在汽车工业发展之初，使用混合动力仅仅是出于"使用汽油引擎为电动机充电"这样一个简单的想法，而并非改善车辆的燃油经济性和降低污染物排放。这是早期混合动力汽车与现代混合动力汽车最根本的区别。

1997 年，丰田面向 21 世纪开发的汽车——第一代普锐斯（PRIUS）面市。它视环保为首要课题，又兼具普通消费者可以接受的低价位，因其革命性地降低了车辆燃耗和尾气排放，其划时代之意义与先进性得到了全世界的高度评价。"普锐斯"也由此成为节能环保汽车的代名词。丰田混合动力系统各阶段工作原理如图 2-19 所示。

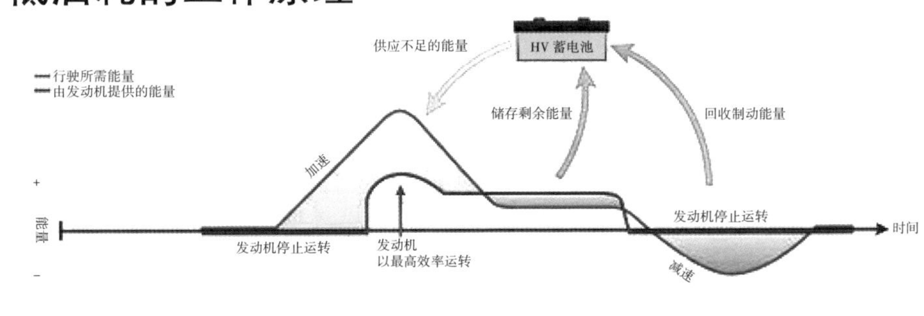

图 2-19　丰田混合动力汽车的节能原理示意

为了尽可能地降低油耗水平，丰田的油电混合动力系统分别发挥电动机和发动机各自的特长来行驶。

①启动时：充分利用电动机启动时的低速扭矩

当汽车启动时，TOYOTA 油电混合动力系统仅使用由 HV 蓄电池提供能量的电动机的动力启动，这时发动机并不运转。因为发动机不能在低旋转带输出大扭矩，而电动机可以灵敏、顺畅、高效地进行启动。

②中低速行驶时：由高效利用能量的电动机驱动行驶

对于发动机而言，在低速—中速带的效率并不理想，而电动机在低速—中速带性能优越。因此，在用低速—中速行驶时，油电混合动力系统使用动力蓄电池的电力，驱动电动机行驶。如果动力蓄电池的电量少时，则利用发动机来带动发电机发电，为电动机提供动力。

③一般行驶时：低油耗的驾驶，使用发动机作为主要动力源

在一般行驶工况下，混合动力系统主要由发动机提供动力，因为此时发动机的工作效率最佳。由发动机产生的动力直接驱动车轮，依照驾驶状况部分动力被分配给发电机。由发电机产生的动力用来驱动电动机和辅助发动机。利用发动机和电动机这一双重传动系统，发动机产生的动力以最小消耗被传向地面。

④一般行驶时 / 剩余能量充电：将剩余能量用于动力蓄电池充电

因为丰田油电混合动力系统在高速运转时采用发动机来驱动，而发动机有时会产生多余的能量。这时多余的能量由发电机转换成电力，储存在动力蓄电池中。

⑤全速行驶时：利用双动力来获得更高一级的加速

在需要强劲加速力（如爬陡坡及超车）时，动力蓄电池也提供电力，来加大电动机的驱动力。通过发动机和电动机双动力的结合使用，丰田油电混合动力系统得以实现与高一级发动机同等水平的强劲而流畅的加速性能。

⑥减速 / 能量再生时：将能量回收到动力蓄电池中用于再利用

在踩制动器和松油门时，丰田油电混合动力系统使车轮的旋转力带动电动机运转，将其作为发电机使用。减速时通常作为摩擦热散失掉的能量在此被转

换成电能，回收到动力蓄电池中进行再利用。

⑦停车时：动力系统全部停止

在停车时，发动机、电动机、发电机全部自动停止运转。不会因怠速而浪费能量。当动力蓄电池的充电量较低时，发动机将继续运转，以给动力蓄电池充电。另外，有时因与空调开关联动，发动机也会仍保持运转。

图 2–20 对比了丰田的几款混合动力车与汽油车、柴油车的油耗和二氧化碳排放的情况。图中圆形点代表柴油车，菱形点代表汽油车，方形点代表混合动力车。从图中可以看出，无论是 Prius 这种普通家用车还是 RX450h 大中型 SUV，抑或是 LS600h 大型轿车，混合动力车都明显要比同级别的柴油车和汽油车更加省油。

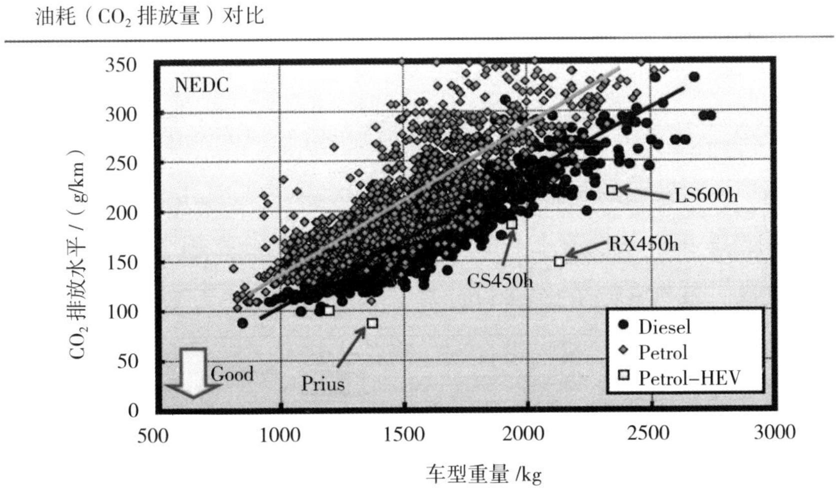

图 2–20　丰田混合动力汽车与燃油车的油耗对比情况

与同级别汽油发动机汽车相比，丰田混合动力车型在提升动力性能 30% 的同时，能够降低 40% 以上的油耗，而且，因其不需要外部充电、不需要更换电池、不需要额外维修保养等特性，被认为是目前最为成熟的节能新能源技术。截至 2018 年年底，丰田旗下油电混合动力车全球累计销量突破了 1300 万辆。相关数据显示，分布在全球 90 多个国家和地区的 1300 万辆丰田油电混合动力车累计节省了 361 亿升石油，大约相当于目前北京 560 万辆机动车 3.5 年的汽油消耗量。同时，1300 万辆丰田混合动力车减少了约 9600 万吨二氧化碳排放，几乎相当于 860 万公顷森林一年的固碳量。

现代混合动力汽车的关键是能够使发动机与电动机的动力真正“混合”的能量控制系统，它如同混合动力汽车的大脑，指挥各个子系统协调工作，以达到效率、排放和动力性的最佳匹配，同时，兼顾车辆行驶的平顺性。这个大脑具备强大的复杂运算能力，可以根据驾驶员的操作，如加速踏板、制动踏板、变速杆的操作等，判断驾驶员的意图，在满足驾驶员需求的前提下，分配电动机、发动机、电池等动力部件的功率输出，实现能量利用率的最优管理，使有限的燃油发挥最大的功效。

现代电动汽车在硅谷重生

虽然在第二次工业革命初期，纯电动汽车曾经风光无限，但受到铅酸电池能量密度和功率密度的限制，几十年里，电动汽车的性能几乎没有进展。例如，1996 年通用汽车第一款投放市场的电动汽车 EV1 是一款超小型车，采用双门轿跑车车身风格。虽然 EV1 的车身设计具有非常低的阻力系数（Cd = 0.19），车身、车轮和座椅采用了超轻铝合金、镁合金材料，轮胎采用了米其林开发的自密封、低滚动阻力轮胎，但电池仍然使用了古老的铅酸电池（重量 533 kg，容量 16.5 kW · h），因此，其续航里程仅为 60 英里，最高车速 80 英里 / 小时。尽管 EV1 的性能非常可怜，但每辆车的成本高达 80 000 美元，因此，1999 年通用关闭了 EV1 装配线，期间一共生产了 1117 辆 EV1。

EV1 的失败让许多人更加相信电动汽车只能作短途低速的老年代步车，根本达不到普通燃油汽车所具备的基本性能，更谈不上与高性能汽车竞争。但参与 EV1 项目的工程师艾尔 · 科科尼并没有放弃电动汽车的梦想，他在加州创建了一家电动汽车公司 AC Propulsion，继续研发生产以铅酸电池车为动力源的小型车 T–Zero，但没过多久，公司也陷入了困境。这时，一名来自硅谷的工程师马丁·艾伯哈德（Martin Eberhard）为 AC Propulsion 投资了 15 万美元，同时，他希望艾尔·科科尼尝试用数千块笔记本电脑的锂离子电池作为 T–Zero 的动力电池。

锂离子电池是一种二次电池（充电电池），它主要依靠锂离子在正极和负极之间移动来工作。锂离子电池由日本索尼公司于 1990 年最先开发成功。这种电池的优点很多，如能够储存很多的电量，同体积下是电量铅酸电池的 6 倍；循环性能优越，可快速充放电；输出功率大；使用寿命长；不含有毒有害物质，被称为绿色电池。因此，被广泛用于移动电话和笔记本电脑等电子产品中。

但锂离子电池比较“娇气”，对充电要求很高，要保证终止电压精度在 ±1% 之内，否则任何形式的过充都会导致电池性能受到严重破坏，甚至爆炸。另外，作为驱动汽车的动力电池，其电池组中锂离子电池多达几千节甚至上万节，大大增加了电池组发生内短路的概率。对于并联的锂离子动力电池模组，当其中一节或几节电池发生内短时，电池模组中的其他电池会对其放电，电池组的能量会使内短电池温度急速升高，极易诱发热失控，最终导致电池起火爆炸。因此，在此之前从未有人敢把锂离子电池作为电动汽车的动力电池使用。

为了控制锂离子电池的风险，AC Propulsion 利用现代电子控制技术开发了先进的电池管理系统（BMS）。BMS 主要分为两部分，第一部分是前端模拟测量保护电路，包括电池电压转换与量测电路，电池平衡驱动电路，开关驱动电路，电流量测、通信电路；第二部分是后端数据处理模块，就是依据电压、电流、温度等前端计算，并将必要的信息通过通信接口回传给系统做出控制。换用锂电池后，T–Zero 行驶里程超过了 480 km。

硅谷工程师、资深车迷马丁·艾伯哈德发现，美国很多停放超级跑车的私家车道上经常还会出现些丰田混合动力汽车普锐斯的身影。他认为，这些人不是为了省油才买普锐斯的，普锐斯只是这群人表达对环境问题关注的方式。于是，他有了将跑车和新能源结合的想法，而客户群就是这群有环保意识的高收入人士和社会名流。

2003 年 7 月 1 日，马丁 · 艾伯哈德与商业伙伴马克 · 塔彭宁（Marc Tarpenning）合伙成立了特斯拉汽车公司（Tesla Motors），并将总部设在美国加州的硅谷地区。成立后，特斯拉开始寻找高效电动跑车所需的投资和材料。在AC Propulsion公司CEO的引见下，埃隆·马斯克(Elon Musk)认识了马丁·艾伯哈德的团队。2004 年 2 月，埃隆 · 马斯克向特斯拉汽车公司投资 630 万美元，但条件是出任公司董事长，同时拥有所有事务的最终决定权，而马丁 · 艾伯哈德作为特斯拉之父担任公司的 CEO。2007 年之后，马丁 · 艾伯哈德因为研发超时、成本高企而承担责任，黯然离开特斯拉。此后，在马斯克的领导下，特斯拉先是在 2009 年获得了美国能源部 4.65 亿美元的低息贷款，随后在 2010 年 6 月登陆纳斯达克，IPO 发行价 17.00 美元，净募集资金 1.84 亿美元，成为最早在美国上市的纯电动汽车独立制造商。埃隆·马斯克逐渐成为特斯拉汽车的灵魂舵手。

不少传统汽车企业认为，把原来燃油汽车的动力系统换成电池驱动就是电动汽车了，而且把采用电池的低使用成本也当成是电动车的主要宣传卖点。这与特斯拉想要做的事情完全不同。2006 年，艾伯哈德在特斯拉官网一篇名为《态度》的博客中写道："传统大型汽车企业制造出来的电动汽车，续航里程有限、性能平平、外形一般。特斯拉汽车是为热爱驾驶的人们打造。我们不是为了最大限度地降低使用成本，而是追求更好性能、更漂亮、更有吸引力。"

特斯拉用硅谷的想象力造车，博采众家之长。特斯拉开发的第一款车 Roadster，是在莲花汽车公司（Lotus）的 Elise 跑车基础上开发的。电动汽车最主要的 3 项技术是电池、电机和传动系统。前面提到，特斯拉的传动技术来自 AC Propulsion 公司，电池采购自松下生产的 18650 锂离子电池，电机采购自台湾富田电机。这看起来很简单，就像是一个成熟产业里的全球采购故事，但执行起来并不简单。尽管 2003 年，T-Zero 换上锂电池后行驶里程就达到了 480 km。但特斯拉还是花了约 5 年的时间认真打磨，2008 年才把第一款产品

Roadster 推向市场。在这期间，主要时间和金钱花在了 BMS 的研发上。特斯拉电池管理系统 BMS 采用主从架构设计，主控制器（BMU）负责高压、绝缘检测、高压互锁、接触器控制、对外部通信等功能；从控制器（BMB）负责单体电压、温度检测，并上报 BMU。BMU 具备主副双 MCU 设计，副 MCU 可检测主 MCU 工作状态，一旦发现其失效可获取控制权限。特斯拉电池管理系统 BMS 上设计了一个手动复位（reset）的按钮，作为汽车产品级 ECU，特斯拉电池管理系统 BMS 手动 reset 的按钮更像是一个电脑主板。电池管理系统 BMS 的设计师把过强电电流的预充电接触器直接放在 BMU 上也是一个大胆的设计。因此，特斯拉电动汽车 7000 多节 18650 电池组成的电池包在 BMS 的监控下，即使短路也不会着火，个别电池损坏不会影响其他。而且，这一模式还能保证它随时可以用到最先进的电池来装备特斯拉电动汽车。

2008 年 2 月，特斯拉开始交付第一批全球首款量产版电动敞篷跑车 Roadster（图 2–21），最初的 7 辆车作为“创始人系列”提供给马斯科和其他出资人，这份名单包括谢尔盖·布林（谷歌创始人）、拉里·佩奇（谷歌联合创始人）和杰夫·斯科尔（ebay 创始人）等，当然也包括已离开公司的马丁·艾伯哈德。Roadster 最早的客户还包括好莱坞明星布拉德·皮特、乔治·克鲁尼、施瓦辛格等，这些明星客户为特斯拉赚足了名声。

图 2–21　特斯拉 Roadster

2010 年，很多传统汽车厂商还在电动车热潮中摇摆的时候，特斯拉已经将精力从 Roadster 转移到另一款全新电动汽车 Model S 的研发上。如果说，Roadster 是借莲花汽车公司（Lotus）的 Elise 跑车开发练手，那么 Model S 是特斯拉从一张白纸开始正式造车。铝质轻量车身，传统的线条，苗条的车身，几乎没有多余重量；为了降低风阻，车门把手设计成自动感应，行驶中和平时车门把手会收进车身，当钥匙接近的时候会感应打开。Model S 把驾驶汽车变成了一件简单的事情——只需要单踏板驾驶——踩住一个踏板就可以开车了。它的传动系统不到 1 米长，从 0 加速到 100 km 只需 4.8 秒，就像电灯开关一样，扭力即时涌现，不需要换挡，一路加速到底，简单却并不影响到驾驶体验。Model S 车内最引人注目的是一块 17 英寸的中控触屏，这也是这款汽车硅谷气味最浓的一个部件，让汽车控制系统变得简单易用。除了双闪灯和副驾储物箱按钮是独立于中控屏外，所有的控制操作都在中控屏上完成，就像变魔术一样。例如，你可以通过触摸来开关天窗，或者把天窗开到合适的大小。更重要的是，这块触屏背后，是一个活的系统，随时联网自动更新，而且可以免费升级。相比传统模式，特斯拉让汽车升级换代也变得简单，或许你不用换一辆全新的车，也许只要升级电池和系统。

2012 年 6 月，特斯拉 Model S 正式上市（图 2–22）。9 月，美国《连线》杂志记者试驾 Model S 之后在文章中提到：在海湾地区，汽车所到之处吸引来很多人围观，这场景就像是在首发日有人在苹果店门口挥舞着 iPhone5 一样。美国汽车媒体《消费者报告》将其创刊以来的最高汽车测评分数——99 分——给了 Model S，满分是 100 分。《消费者报告》称，驾驶这款汽车就像使用苹果的 iPad 一样方便。2013 年 5 月初，在特斯拉发布的第一季度财报中，该公司销售 Model S 车型 4900 辆，超过原本预定的 4500 辆的目标。销售营收为 5.55 亿美元，同比增长 27 倍。强劲的市场需求所带来的订单促使公司整体规模效应提升，并首次实现盈利。近一个月内，股价涨了约 80%，市值突破 100 亿美元。马斯科在个人博客中写道，“只想对客户和投资人说声谢谢，你们给了特斯拉一个穿越漫漫长夜的机会，没有你们我们走不到今天。”

图 2–22　特斯拉 Model S

2015 年，特斯拉汽车荣登福布斯“全球最具创新力企业”排行榜榜首。“大多数汽车公司试图用成熟的产品来捕捉价值，但特斯拉却勇于探索未知领域，敢为天下先”，是《福布斯》杂志给特斯拉最恰当的评价。

至此，人们不再怀疑电动汽车是否具备与传统燃油汽车竞争的能力，越来越多的人开始接受电动汽车，相信它可以帮助人类构建可持续发展的绿色交通体系。

能源互联网，第三次工业革命最后一块拼图

2016 年是电动汽车发展的标志性一年。从这一年起，许多重要国家和跨国公司纷纷宣布向电动汽车转型，并提出禁售传统燃油汽车的时间表。2016 年，挪威和荷兰率先宣布到 2025 年禁售传统燃油车；随后德国联邦内阁通过决议，宣布德国 2030 年禁售传统燃油汽车；法国和英国提出最晚到 2040 年将禁售传统燃油车。奔驰公司宣布将在 2022 年之前全面停产停售传统燃油汽车，只提供混合动力和纯电动车型；大众公司提出到 2025 年推出 30 余款全新的电动汽车，年销量达到 200 万～ 300 万辆，占总销量的 20% ～ 25%；福特汽车提出投资 45 亿美元，到 2020 年推出 13 款新能源汽车，使电动和混合动力车型的销量占比达到 25%；沃尔沃、林肯、捷豹路虎也宣布旗下所有车型将全部电动化；2017 年，

全球最大的汽车零部件供应商德国博世和美国最大的汽车零部件供应商德尔福几乎在同一时间宣布，出售和分拆传统动力总成部门，并加大新能源汽车的投资。

据彭博新能源财经发布的《2019 年电动车展望报告》，2040 年全球电动车销售量占乘用车总销售量比重将超过 57%，届时，全球乘用电动汽车销量将从 2018 年的 200 万辆增加到 5600 万辆，燃油乘用车则将从 2018 年的 8500 万辆降至 2040 年的 4200 万辆。

但是，目前化石能源仍是世界的主要能源，在世界一次能源供应中约占 87.7%，其中，石油占 37.3%、煤炭占 26.5%、天然气占 23.9%。如果我们不能改变一次能源结构，减少对化石能源的依赖的话，发展电动汽车的意义就不大，因为我们只是将汽车产生的二氧化碳、氮氧化物、灰尘颗粒物等环境污染物的排放迁移到了发电厂而已，化石能源对环境的污染和全球气候的影响仍然会增加。因此，未来世界能源供应和消费必须向多元化、清洁化、高效化方向发展。

2011 年 9 月，美国学者杰里米·里夫金（Jeremy Rifkin）出版了《第三次工业革命——新经济模式如何改变世界》。他认为，第三次工业革命是能源、互联网与可再生能源的结合导致人类生产生活和社会经济的重要变革，并提出第三次工业革命的支柱包括以下 5 个方面。

①向可再生能源转型；

②将每一个大洲的建筑转化为微型发电厂，以便就地收集可再生能源；

③在每一栋建筑物及基础设施中使用氢和其他存储技术，以存储间歇式能源；

④利用互联网技术将每一个大洲的电力网转化为能源共享网络；

⑤将运输工具转向插电式及燃料电池动力车，这种电动车所需要的电可以通过洲与洲之间共享的电网平台进行买卖。

在书中，里夫金预测以新能源技术和信息技术的深入结合为特征，一种新的能源利用体系即将出现，并将这一新的能源体系命名为能源互联网（energy internet）。他提出，能源互联网应具备以下五大特征。

①可再生：可再生能源是能源互联网的主要能量供应来源。可再生能源发电具有间歇性、波动性，其大规模接入会对电网的稳定性产生冲击，从而促使传统的能源网络转型为能源互联网。

②分布式：由于可再生能源的分散特性，为了最大效率地收集和使用可再生能源，需要建立就地收集、存储和使用能源的网络，这些能源网络单个规模小，分布范围广，每个微型能源网络构成能源互联网的一个节点。

③互联性：大范围分布式的微型能源网络并不能全部保证自给自足，需要联起来进行能量交换才能平衡能量的供给与需求。能源互联网关注将分布式发电装置、储能装置和负载组成的微型能源网络互联起来，而传统电网更关注如何将这些要素“接进来”。

④开放性：能源互联网应该是一个对等、扁平和能量双向流动的能源共享网络，发电装置、储能装置和负载能够“即插即用”，只要符合互操作标准，这种接入是自主的，从能量交换的角度看没有一个网络节点比其他节点更重要。

⑤智能化：能源互联网中能源的产生、传输、转换和使用都应该具备一定的智能。

能源互联网是综合运用先进的电力电子技术、信息技术和智能管理技术，将大量由分布式能量采集装置、分布式能量储存装置和各种类型负载构成的新型电力网络节点互联起来，以实现能量双向流动的能量对等交换与共享网络。能源互联网以互联网理念构建新型信息能源融合“广域网”，它以大电网为“主干网”，以微网为“局域网”，以开放对等的信息能源一体化架构，真正实现能源的双向按需传输和动态平衡使用，因此，可以最大限度地适应新能源的接入，为解决可再生能源的有效利用问题提供了可行的技术方案。

2015 年 9 月 26 日，习近平主席在联合国发展峰会上发表题为《谋共同永续发展　做合作共赢伙伴》的重要讲话。在讲话中，习近平宣布：中国倡议探讨构建全球能源互联网，推动以清洁和绿色方式满足全球电力需求。这是在全球范围推动能源革命、促进清洁发展、应对气候变化的重大倡议，开启了世界能源可持续发展的新征程，得到了国际社会普遍赞誉和积极响应。中国倡议，以清洁和绿色发展为原则，以满足全球电力需求为目标，提出了全球能源互联网发展战略，为实施“两个替代”（清洁替代和电能替代）、实现能源可持续发展指明了方向和道路。全球能源互联网是以特高压为骨干网架、全球互联的坚强智能电网，是清洁能源在全球范围大规模开发、输送、使用的基础平台。构建全球能源互联网，不仅可以推动世界能源转型发展，保障能源和电力供应，而且能够催生大量新业态、新模式，带动新能源、新材料、智能制造、电动汽车等战略新兴产业蓬勃发展，将成为促进全球经济发展、结构调整和产业升级的强大引擎。

2018 年 9 月 26 日，由全球能源互联网发展合作组织、国家电网公司共同主办的全球能源互联网高端论坛在北京举行。全球能源互联网发展合作组织主席、中国电力企业联合会理事长刘振亚在讲话中提出，“到 2050 年基本建成全球能源互联网。届时，全球清洁能源比重达到 80% 以上，二氧化碳排放仅为 1990 年的一半，能够将全球温升控制在 2℃以内”。

第四节　第四次工业革命与智能汽车

“从根本上改变目前我们生活和工作方式的技术革命即将到来。而这次革命的规模、范围及复杂性等与之前人类所经历的其他革命完全不同……人工智能和物联网等技术，将带来所有一切均连接起来‘超连接社会’，并引起新的工业革命。”——世界经济论坛主席克劳斯·施瓦布

比特世界与原子世界的链接

麻省理工学院媒体实验室（MIT Media Lab）的尼古拉斯·尼葛洛庞帝（Nicholas Negroponte）将我们的世界划分为了两个部分：比特世界和原子世界。

比特和原子的概念和特征，分别对应它们在信息学和物理学中的作用。

今天的 iPhone 是 10 年前第一代运行速度的 100 倍；20 年前，电脑的内存是 128 M，今天一台最普通的廉价手机的内存也至少有 2 G；2000 年 3G 网络的下载速度为 120 ~ 600 k/s，2010 年 4G 网络的下载速度达到了 1.5 ~ 10 M/s，而今天 5G 的速度比 4G 快 100 倍！今天的年轻人会为每年眼花缭乱的消费电子新产品而兴奋和欢呼，他们会感叹互联网、移动通信日新月异的发展是多么波澜壮阔。

但另一方面，我们现在使用的主流飞机波音 747 是 1965 年发明的，我们现在使用的绝大部分汽车和几十年前的也没有本质区别；1972 年阿姆斯特朗首次登陆月球之后，迄今人类还没有踏上过其他新的星球；煤炭、石油和天然气仍然是今天我们赖以生存的主要能源，除了消耗量更大之外，与几十年前几乎也没有区别；我们依然没能战胜艾滋病、癌症，甚至鼻炎。那些 19 世纪和 20 世纪的伟大发明曾经深刻地改变了人类的整体面貌，几乎定义了我们全部的现代生活。然而今天，与比特世界的飞速发展相比，我们的原子世界几乎停滞了。一个新的产品从 0 普及到 5000 万人，原子世界的收音机用了 38 年，电视用了 13 年，而比特世界互联网用了 4 年、微博用了 14 个月、微信用了 10 个月、抖音只用了不到 5 个月。正如《从 0 到 1》的作者彼得 · 泰尔所说——“我们想要飞行汽车，但我们得到的只是 140 个字符”。

2000 年，物理学大师杨振宁在《盛宴已经结束：高能物理学的未来》访谈录里表示：“在以后 10 年间，高能物理最重要的发现就是，盛宴已经结束（The party is over）。”这是不是意味着我们的原子世界不会发生更多的变化了呢？然而，回顾历史一下就会发现，这样的说法和 1900 年物理学大师开尔文宣称“物理学大厦已经建成”的观点何其相似，事实上，在开尔文的这个说法仅 5 年之后，爱因斯坦就发表了“狭义相对论”。过去几十年，我们观察到的是一路狂奔的比特世界和几乎停滞的原子世界，现在到了比特世界反哺原子世界的时候了。

2013 年 4 月，德国在汉诺威工业博览会上首次发布《实施“工业 4.0”战略建议书》。该建议书将 18 世纪引入机械制造设备定义为工业 1.0；20 世纪初的电气化定义为工业 2.0。自 20 世纪 70 年代自动化技术大发展以来，工业生产的规模越来越大，工艺越来越复杂，技术要求越来越高，在生产的效率、生产的质量上人们做了不断的改进和提高，一个大规模、大批量的简单智能化生产模式被定义为工业 3.0。但随着信息技术与工业技术的高度融合，网络、计算机技术、信息技术、软件与自动化技术的深度交织产生新的价值模型，在制造领域，这种资源、信息、物品和人相互关联的“信息物理系统”（cyber-physical system，CPS）被德国人称为“工业 4.0”。德国学术界和产业界认为，“工业 4.0”即是以智能制造为主导的第四次工业革命。作为制造业大国，德国希望在“工业 4.0”中的各个环节应用互联网技术，将数字信息与物理现实社会之间的联系可视化，将生产工艺与管理流程全面融合。由此，实现智能工厂，并生产出智能产品。相对于传统制造工业，以智能工厂为代表的未来智能制造业是一种理想状态下的生产系统，能够智能判断产品属性、生产成本、生产时间、物流管理、安全性、信赖性及可持续性等要素，从而为每位顾客进行最优化的产品定制。

2016 年，克劳斯 · 施瓦布在的世界经济论坛（World Economic Forum）上提出：“从根本上改变目前我们生活和工作方式的技术革命即将到来。而这次革命的规模、范围及复杂性等与之前人类所经历的其他革命完全不同……人工智能和物联网等技术，将带来所有一切均连接起来“超链接社会”，并引起新的工业革命。”通过人工智能、物联网、大数据、移动通信等尖端信息通信技术，将人类、事物、空间全部链接起来，由这种“链接”引起的革命性变化被施瓦布称为第四次工业革命。

大数据、大趋势、大转变

2011 年 5 月，全球知名咨询机构麦肯锡旗下的全球研究所（McKinsey Global Institute）发布了一份题为《大数据：创新、竞争和生产力的下一个前沿领域》（*Big data：the next frontier for innovation，competition，and productivity*）的研究报告，首次将“大数据”的概念引入企业工商界。该报告指出，全球数据正在呈现爆炸式增长，数据已经渗透到当今每一个行业和业务职能领域，并成为重要的生产因素。报告深入研究了美国医疗保健、欧洲公共部门、美国零售业、全球制造业和个人定位数据五大领域，用具体量化的方式揭示了大数据的巨大价值。美国的医疗保健为了提高效率和质量而创造性地使用大数据，该部门每年创造了超过 3000 亿美元的价值。在欧洲发达经济体中，政府管理人员通过使用大数据可以节省超过 1000 亿欧元的运营效率改进，并促进税收增加。基于个人位置的大数据服务可以为服务商和最终用户分别创造至少 1000 亿美元的收入和 7000 亿美元的价值。大数据能够帮助美国零售业获得 60% 的净利润增长，帮助制造业在产品开发、组装方面将成本降低 50%。报告提出，各行各业海量数据的挖掘和运用，预示着新一波生产率增长和消费者盈余浪潮的到来，“大数据”时代已经降临。

尽管麦肯锡提出了大数据的概念，但并没有给大数据一个确切的定义。维基百科的描述是：大数据（big data），又称为巨量资料，指的是在传统数据处理应用软件不足以处理的大或复杂的数据集的术语。最初，这个概念是指需要处理的信息量过大，已经超出了一般处理数据时所能使用的内存量，因此，工程师必须改进处理数据的工具，这导致了新的数据处理技术的诞生，如谷歌的 MapReduce 和开源的 Hadoop。但这并不能囊括大数据的全部意义。

2001 年，麦塔集团（META Group，现高德纳）的分析员道格·莱尼（Doug Laney）在一次关于数据增长的挑战和机遇的公开演讲中指出：“大数据是大量、高速与多变的数据资产。”莱尼总结的大数据的“3V”特征，即 volume（容量大）、velocity（增长快）与 variety（多样性），后来被广泛接受。之后，美国维拉诺瓦大学又新增了一个 veracity（真实性）为大数据的第 4 个特征。2012 年，莱尼在原来的基础上，又补充完善了大数据的定义：“大数据是大量、高速和（或）多变的信息资产，它需要新型的处理方式去促成更强的决策能力、洞察力与最优化处理。”

2013 年，维克托·迈尔 – 舍恩伯格在《大数据时代》里提出，大数据带给我们 3 个颠覆性的观念转变：首先，要分析与某事物相关的所有数据，而不是依靠分析少量的数据样本；其次，我们乐于接受数据的纷繁复杂，而不再追求精确性；最后，我们的思想发生了转变，不再探求难以琢磨的因果关系，转而关注事物的相关关系。

不是随机样本，而是全体数据

在过去，我们虽然需要数据分析来了解世界，但往往缺少用来分析所收集数据的工具，迫不得已，我们只能采取随机采样的办法来解决问题。如今，互联网、摄像头、手机导航、微博、微信、淘宝等收集了大量的数据，而且随着摩尔定律的发展，现在计算机已经可以比较轻松地对这些数据进行处理了。美国德温特资本市场公司（Derwent Capital Market，DCM）首席执行官保罗·霍廷每天利用电脑程序分析全球3.4亿Twitter 账户的数据内容来感知市场情绪，从而指导投资。保罗·霍廷在全球首个基于社交媒体的对冲基金——德温特绝对回报基金的发布仪式上表示："多年以来，投资者已经普遍接受了一种观点，即恐惧和贪婪是金融市场的驱动力。但是以前人们没有技术或数据来对人类情感进行量化。"

不是精确性，而是混杂性

对"小数据"而言，最基本、最重要的要求就是减少错误，保证质量。而全世界只有 5% 的数据是结构化的，剩下的 95% 是非结构化的、混乱的，如果我们执迷于精确性，不接受混杂性，我们就无法对其进行利用。冷战时期，美国掌握了大量关于苏联的各种资料，但缺少翻译这些资料的人手。所以计算机开发人员产生了机器翻译的想法。最初，他们打算将语法规则和双语词典结合在一起。1954 年，IBM 以计算机领域的 250 个词语和 6 条语法规则为基础，将 60 个俄语词组翻译成了英语，结果振奋人心。事实证明，机器翻译最初的成功误导了人们。1966 年，研究人员意识到机器翻译比他们想象的更困难，他们不能只是让电脑熟悉常用的规制，还必须教会电脑处理特殊的语言情况。而这种特殊情况几乎无法穷举并清楚地制定规制。20 世纪 80 年代和 90 年代，虽然 IBM 的研究人员做了大量的工作，但取得的成效并不大，机器翻译也基本处于停滞不前的状态。2006 年，谷歌公司开始涉足机器翻译。谷歌开始利用一个更大、更繁杂的数据库，也就是全球的互联网，而不再人为地构建两种语言互译文本的语料库。谷歌翻译系统为了训练计算机，会吸收它所找到的所有翻译。它会从各种各样语言的公司网站上寻找互译文档，也会去寻找联合国和欧盟这些国际组织发布的官方文件和报告的各种译本。谷歌翻译部门的负责人佛朗次奥奇（Franz Och）指出："谷歌翻译系统不会像 IBM 公司的 Candide 系统一样只是仔细地翻译 300 万句话，他会掌握用不同语言翻译的质量参差不齐的数十亿页文档（相当于 950 亿句英语）。"尽管输入源很混杂，但谷歌翻译取得了实质性突破。目前，谷歌可提供 103 种语言之间的即时翻译，支持任意两种语言之间的字词、句子和网页翻译，甚至能够接受 14 种语言的语音输入，并有很流利的对等翻译。彼得·诺威格（Peter Norvig）在《数据的非理性效果》中提出："大数据基础上的简单算法比小数据基础上的复杂算法更加有效。"

不是因果关系，而是相关关系

逻辑推理能力是人类特有的本领，因此，在过去我们一直非常强调因果关系的推导。寻找事物背后的因果关系除了靠物质条件、不懈的努力之外，往往还要靠一些灵感和运气，如牛顿和爱因斯坦。但遗憾的是，大部分时候我们并没有那么好的运气，因此，很多问题得不到解决，或者传统的方法效率非常低下，如疾病的治疗和新药的研发。在过去，研发一种新药，科学家通常需要分析疾病产生的原因，寻找能够消除这些原因的物质，然后合成或提取新药成分。这是一个非常漫长的过程，而且费用非常高昂，通常需要 10 ～ 15 年的时间及 10 亿～ 20 亿美元的投入。美国生物制药公司 Berg 的合伙人兼首席技术官 Niven Narain 说："无论是患者本身，还是疾病生物学，都是两个非常复杂的体系。当人们尝试将疾病的奥秘提炼出一套整洁的以假设为驱动的科学解释时，经常无法让科研人员得到梦寐以求的答案和结果。”在大数据时代，我们也许不必非得知道事物背后的确切原因，而是要让数据自己“发声”，即通过分析数据的相关关系，更容易、更快捷地认识事物。他认为在大数据软件工具的帮助下，制药科学家希望可以找到关于人类生物学和疾病的更多未知奥秘，加之还能利用大数据帮助找到哪种药物可以起到最佳的作用。因此，Narain 和他的同事们建立了一个数据分析系统。起初，这个系统被用来进行人类组织样本的基因组分析工作，也包括临床数据等信息的分析。之后，这个平台也开始进行有关健康与疾病样本模式的数据探索工作，其目的是找到两种不同样本数据之间的差异。除此之外，这个系统还可以对单个患者的疾病进行长期的样本追踪。在超级计算机的帮助下，这个平台可以处理 14 万亿字节以上的数据量，从而使 Berg 公司拥有了整合数据并从这些数据中探索潜在药物靶点或寻找诊疗生物标志物的能力。Narain 和他的团队将这种方法称为疑问生物学，简单地说，就是对健康与疾病生物学，以及结果数据答案的挖掘过程，并将这些信息为了一个目的而整合到一起——找到针对具体疾病的最佳治疗药物。

吴军博士在《智能时代》里指出：“大数据的科学基础是信息论，它的本质就是利用信息消除不确定性。”

棋盘很简单，世界很复杂

2016 年之前，人工智能（artificial intelligence，AI）基本上还是一个局限于学术圈里的名词，大部分普通人并不熟悉，更不会热心关切其与自己的关系。但这一年，一个名为 AlphaGo 的电脑程序与世界围棋冠军李世石进行的围棋人机大战，让人工智能瞬间成为最流行的词汇。在大街小巷，很多普通人都能够说出一两句关于人工智能的专属名词或相关新闻。AlphaGo 看上去就像横空出世、一战成名的英雄，但事实上，它的成功是建立在人工智能 60 年艰苦探索的基础上才达到的。这就像骨骼清奇的少年，得了前辈 60 年的内力真传，战斗力自然非同小可。

人工智能从下棋开始

1950年，阿兰·图灵（Alan Mathison Turing）发表了他最著名的一篇论文，题目叫作《计算机器与智能》，在文中他提出了一个问题，“机器会思考吗？”图灵并没有试图去定义“机器”和“智能”这两个充满哲学意味的词，相反，图灵构思了一个思想实验。图灵提出：“如果一台机器能够与人类展开对话（通过电传设备）而不能被辨别出其机器身份，那么就可以称这台机器具有智能”。这个思想实验后来被称为图灵测试（Turing Test）。

弈棋自古被视为一种关乎智力的高级挑战，因此，也成为人工智能研究人员利用计算机挑战人类智力时最喜欢使用的方式。1949年，IBM公司刚入职不久的新员工阿瑟·萨缪尔（Arthur Samuel）想要证实计算机不仅仅是速度更快的加法机，而且能够执行复杂的智能任务。他认为这个设想如果成功的话，就能够向世人展现IBM第一台商业计算机IBM701的高超分析能力，对于提高公司的知名度也大有裨益。萨缪尔将目光锁定在了西洋跳棋上，他的目标是要让IBM701下跳棋的水平达到世界大师的级别（图2–23）。

图2–23　西洋跳棋

如果萨缪尔采用当时主流的技术来完成这个任务，他需要编写大量的计算机程序指令来预测、指导计算机处理可能出现的各种棋局。萨缪尔意识到使用这种规则库的方法将会是一项艰巨的任务，因为每一种可能出现的棋局，都需要预先设置好该情形所对应的规制。而且，规则之间还很有可能是互相矛盾的，如一项规则指示“先去吃掉对方的棋子”，另一项规则指示“先移动靠近对手后方的棋子”。碰到这种情况，计算机可能无所适从。此外，萨缪尔也意识到，如果计算机完全死板地按照他预制的规则下棋的话，可能永远也达不到世界大师的水平，最多能赢了自己。人类下棋从来不是经过大量计算每一步输赢的可能性之后才落子的，而是通过观察和记忆典型的棋局，牢牢记住关系成败的那一步棋，那些精髓，从而慢慢地培养了“棋感”。萨缪尔决定让计算机学习资深的棋手，边下棋边学习如何识别典型的棋局模式，尤其是那些经典的制胜棋局。因为只有这种方式，计算机才真正地以自己的下棋经验为基础提高棋艺，而不是跟在一堆指令后面亦步亦趋。

萨缪尔让计算机从随意乱走开始，并复制了一份同样的软件作为其对手，两个版本互相博弈。每一局结束后，计算机都会把所有的数据存储到数据库里，无论是胜局还是败局。这就像刚开始学习下棋的小孩懵懵懂懂地落下第一个棋子，走完第一盘棋局一样，慢慢地积累实战经验。在下了成百上千盘之后，计算机慢慢开始形成了自己的方法，就像专业棋手所说的“策略”。多数情况下，走一步棋并不能马上决定胜负，成败是由持续的走步策略逐渐决定的。因此，数据库不仅仅记录每一步棋的输／赢结果，它记录的是每走一步棋通往成功的可能性大小。计算具备学习的能力之后，它就可以在一定时间的自我对弈中，积累人类棋手一辈子也不可能获得的、数不胜数的实战经验。

最终，萨缪尔成功了。1961 年，爱德华 · 费根鲍姆（Edward Feigenbaum）为编写其巨著《计算机与思想》（Computers and Thought），邀请萨缪尔提供一个该程序最好的对弈实例。于是，萨缪尔打算借机向世人展示 IBM 公司计算机高超的棋艺。1962 年，萨缪尔在实验室里电视直播了计算机与世界级西洋跳棋大师罗伯特·尼尔利（Robert Nearley）的对决，结果萨缪尔的程序获得了胜利，在当时引起巨大的轰动。一夜之间，IBM 公司的股票飙升了 15%。

1956 年夏，约翰·麦卡锡（John McCarthy）和马文·明斯基（Marvin Minsky）等科学家在美国达特茅斯学院开会研讨"如何用机器模拟人的智能"，首次提出了"人工智能"这一概念，标志着人工智能学科的诞生。萨缪尔受邀在本次会议上介绍了跳棋程序的研究工作，期间他首创了"机器学习"（machine learning）的概念，并将其定义为"不显式编程地赋予计算机能力的研究领域"。早期计算机科学家认为，计算机不可能完成事先没有显式编程好的任务，而萨缪尔的跳棋程序推翻了这个假设。机器学习让计算机像人类一样具备汲取知识的能力，从自己的成败经历中学习。机器学习对人工智能领域的研究产生了重大的影响。

不出意料，继西洋跳棋之后，1997 年 IBM 公司的"深蓝"以 3.5 ∶ 2.5 的比分战胜了国际象棋冠军加里·卡斯帕罗夫。然后就是 2016 年谷歌公司的 AlphaGo 利用当前最先进的机器学习技术——深度学习（deep learning）以 4 ∶ 1 的比分击败围棋世界冠军、职业九段棋手李世石。2017 年 5 月，在中国乌镇围棋峰会上，AlphaGo 与当时世界排名第一的柯洁对战，以 3 ∶ 0 的总比分获胜。

至此，在棋类游戏中已无人能够挑战 AI！

棋盘是简单的，世界是复杂的

对于计算机来讲，下棋是一件简单的事儿，因为棋盘是个有限的状态空间，所能产生的下棋方法数量都是有限的。每一个棋面布局都特征鲜明，定义清晰，因此，容易进行数据存储和查找。国际象棋比西洋跳棋的难度大，而围棋比国际象棋的难度更大，只是因为每个棋局都有更多的未知可能性，这就是人工智能专家所说的"高分支系数"（higher branching factor）。但现实世界中有很多情形呈现的状态空间是无穷无尽的，可能产生数不清的"下法"或"棋局"，这被称为"无限状态空间"（infinite state space），如车水马龙的城市街道或繁忙的高速公路。计算机要想学会开车，光能根据地图计算出来最佳行驶路线还远远不够，它必须学会感知这个世界，甚至对这个世界形成自己的认知。这也是被业界普遍认可的人工智能必将经历的3个发展阶段，即计算智能、感知智能和认知智能。

计算智能，即快速计算和记忆存储能力。现阶段计算机比较具有优势的是就是运算能力和存储能力。因此，在象棋、围棋、德州扑克牌等棋牌游戏，以及《DOTA2》和《星际争霸》等电子游戏，甚至是股票投资等方面，计算机所表现出的计算智能已经远胜人类大脑。对于智能汽车而言，强大的计算智能可以让计算机在复杂的交通网络中，快速地规划出一条最合理便捷的路线。

感知智能，即视觉、听觉、触觉等环境感知能力。人类和高等动物都具有丰富的感觉器官，能通过视觉、听觉、味觉、触觉、嗅觉来感受外界刺激，获取环境信息。机器则利用各种传感器来获取周围的环境信息，通过图像识别、语音识别等技术来感知环境。在感知世界方面，机器可能比人类还有些优势，因为人类都是被动感知的，但是机器还可以主动感知，如激光雷达和微波雷达等。目前，机器在感知智能方面已越来越接近于人类，甚至某些方面开始超越人类。对于智能汽车来讲，感知智能是最为关键的能力。它必须能够看清地上的车道线及路旁立着的交通标志；认出来前方哪个是交通信号灯并分辨出当前是红色还是绿色；还要能分辨出来周围有哪些机动车、自行车和行人，以及他们是静止的还是运动的，甚至预估出来他们的方向和速度，等等。

认知智能，通俗地讲就是计算机能理解会思考的能力。人类有语言，才有概念，才有推理，所以概念、意识、观念等都是人类认知智能的表现。所谓让机器具备认知智能是指让机器能够像人一样思考，而这种思考能力具体体现在机器能够理解数据、理解语言进而理解现实世界的能力，体现在机器能够解释数据、解释过程进而解释现象的能力，体现在推理、规划等一系列人类所独有的认知能力上。在2019年5月举办的第六届中国机器人峰会上，中国工程院院士郑南宁发表了主题为《直觉性AI与无人驾驶》的演讲。郑南宁表示，许多交通场景问题具有不确定性、脆弱性和开放性，为所有的交通场景建立模型是不可能的。人类驾驶员开车是将车位无穷状态空间约简为动态变化的“可驾驶”和“不可行驶”的二域状态空间，并根据常识和交通规则产生相应的驾驶行为，从认知的层面，将复杂未知的现实世界变换成有限空间环境的语义推理和直观的理解。郑南宁指出，将直觉 AI 用到无人驾驶中就是要构造一个基于认知构建的类人自主驾驶。因为人类驾驶员开车是一个对交通情境认知的连续过程，我们需要探讨类人自主驾驶的新方法，使自主驾驶像人一样理解和记忆交通情境，具有记忆、推理和经验更新的机制，能应对高动态和强随机性的交通场景变化。

5G+AI+Auto，智能时代的首个标志性产品

受益于机器学习和传感器的进步，汽车的环境感知能力最近几年实现了质的飞跃，无人驾驶汽车终于变为现实。2018 年年底，Waymo 公司开始试水无人驾驶出租车服务，无人驾驶汽车在商业化道路上迈出了关键的一步。但包括 Waymo 公司 CEO 在内的很多业内专家普遍认为，无人驾驶汽车距离大规模普及还需要很长的时间。除了法律和成本等原因之外，现在的无人驾驶汽车就像一个刚拿到驾照的新手，虽然初步具备了上路的能力，但经验明显不足，对于应付复杂的路况还力不从心。据 The Information 报道，Waymo 无人驾驶车辆在努力完成一些驾驶任务的同时，也激怒了道路上的司机。一些凤凰城的司机和居民抱怨称，每一个停车标志处 Waymo 自动驾驶车辆都会完整地停 3 秒时间，转弯时也更偏向在更宽阔的地方。据称，这些车辆还会突然停车或刹车，让其他司机感到困惑不已且造成交通拥堵。Waymo 并不避讳讨论其自动驾驶汽车的局限性和发展过程中遇到的问题，直言目前其自动驾驶车辆只能在特定的地点和模式下自主运行，还不能实现完全的自动驾驶。

人类老司机与新手相比，最根本的区别并不在于对自己车辆的控制能力，而在于对周围车辆、行人或其他参与者的行为预判能力。老司机开车不会把主要精力放在自己是否保持在车道线内行驶，也不会时刻盯着前车的尾灯提醒自

己不要跟车太近，他们更关注的其实是前后左右车辆的行驶状态，时刻提防着哪个冒失的家伙可能给自己带来的风险。他们通常会更加注意前面更远的车辆是否在减速，接近路口的时候，旁边车辆是否有并线的意图，这种预判能力越强，给自己预留的反应时间也就越长，从而能够游刃有余地处理各种“意外”情况（前车急刹车或并线不开车灯）。

AI 训练出来的无人车绝对是遵章守法的楷模，它不会去做任何高风险的危险驾驶行为。但它周围的那些由人类驾驶的汽车、摩托车、自行车，或者是行人并不一定全都是那么遵守交通法规，很有可能做出一些疯狂的举动。所以，人类才是交通麻烦的制造者。那么 AI 能够训练出无人车的预判能力吗？目前来看，这几乎不太可能。但如果不能具备这种本能，即使有再多的训练，无人车可能永远也无法得心应手地与人类司机同行。而第五代移动通信技术（5th generation mobile networks，5G）有可能帮纯 AI 无人驾驶汽车突破这一瓶颈，使其完成由菜鸟到老司机的华丽蜕变。

根据国际电信联盟发布的 5G 愿景白皮书，5G 定义了增强移动带宽（eMBB）、大规模机器通信（mMTC）和超高可靠低时延（uRLLC）三大类场景。eMBB 最直观的表现就是传输速率的大幅提升，与 4G 相比能提供 100 倍以上的峰值速率和 10 ~ 100 倍的用户体验速率；mMTC 主要面向万物互联，满足大量机器类型通信设备及传感器等物联网领域的通信需求；uRLLC 主要面向对及时响应要求较高的场景，如车联网、自动驾驶和工业控制生产制造流程、智能电网配电自动化等场景。ITU 对 5G 理想状况的端到端时延要求为 1 ms，典型端到端时延为 5 ~ 10 ms，大约为 4G 的 1/10。实际上，5G 不仅意味着网络传输效率的提升，5G 也不是单纯的技术演进，更是通信、计算融合之后，再与垂直行业结合将带来全新商业模式的一种重大变革（图 2–24）。

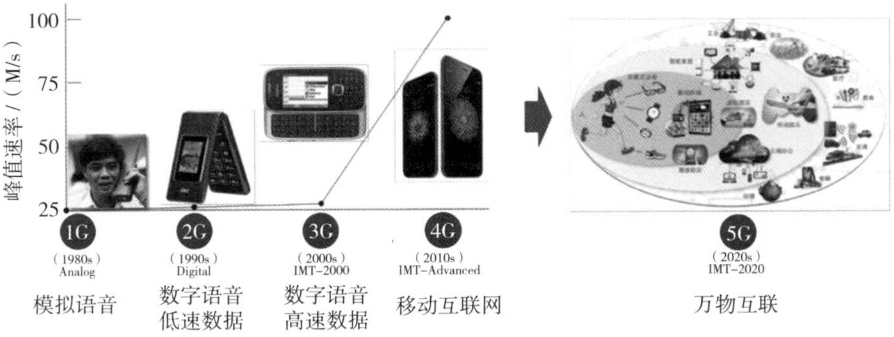

图 2-24　面向万物互联的 5G 通信

（资料来源：东方证券）

根据国际电信联盟的规划和相关预测，2020 年 5G 网络有望全面实现商用化。同时很多汽车企业也计划在 2020 年前后实现无人驾驶汽车上路，作为同样需要一段时间商业化而又被寄予厚望的两种技术，5G 网络与无人驾驶技术必将碰撞出诸多火花。未来车辆在进行无人驾驶与车联网通信的过程中，需要进行海量、实时的数据交互已经成为行业共识。英特尔 CEO 布莱恩 · 科兹安尼克曾表示，未来无人驾驶汽车将在每秒钟消耗 0.75 Gb 的数据量，每天使用大概 4000 Gb 的数据量。此外，无人驾驶汽车和车联网通信的实现还需要网络实时传输汽车导航信息、位置信息及汽车各个传感器的数据，到云端或其他车辆终端，需要更高的网络带宽和更低的网络延时，而这都需要 5G 的支持才能实现。

与前几代移动通信技术相比，5G 不再局限于满足人与人之间的通信需求，还需要满足人与物、物与物之间的连接需求。基于 5G 的 C-V2X 车联网可以实现车与车（V2V）、车与路（V2I）、车与人（V2P）之间的互联，就如给车安上了一副全天候、全场景 360° 的“透视眼”，让每辆车都成为信息的接收者、转发者和处理者，这样汽车就能知道前方很远的车辆何时打算改变车道或开始刹车，即使它早已超出了人类的视线范围（图 2-25）。5G 网络可以将端到端的通信时延控制在 10 ms 内，这对于保证车辆在高速行驶中的安全来说至关重要。此外，在流量峰值和连接数密度方面，5G 技术能够以超过每秒 10 Gb 的传输速度和不低于 100/km^2 的连接数密度满足未来车联网环境的车辆与人、交通基础设施之间的通信需求。因而，实时性和高速通信成为 5G 最大的优势，进而实现对无人驾驶与车联网通信发展的助推作用。

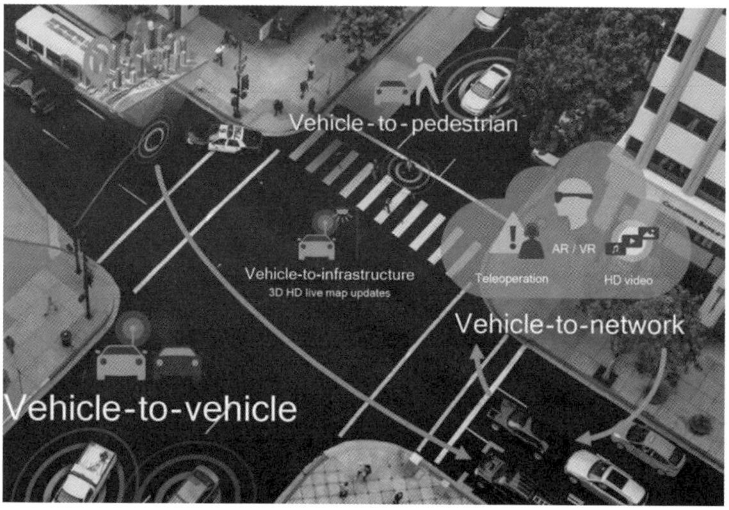

图 2-25　基于 5G 的 C-V2X 车联网示意

2016 年 9 月，电信行业与汽车行业的全球跨行业产业联盟——“5G 汽车通信技术联盟”（5G Automotive Association，5GAA）正式成立（图 2-26）。联盟的使命在于研发、实验和推动智能车联、智慧交通等万物互联所需的通信解决方案和应用，包括相关的标准化推进、商业机会挖掘，以及全球市场的拓展。5GAA 发起方包括奥迪、宝马和戴姆勒及 5 家电信通信公司——爱立信、华为、英特尔、诺基亚、高通。5GAA 联盟包含汽车整车厂、电信运营商、电信基础设施供应商、通信芯片供应商、汽车零配件供应商等智能车联生态圈各方面成员。

图 2–26　5G 汽车通信技术联盟部分成员

华为公司 LTE 产品线总裁熊伟在 GIV2018 全球智能汽车前沿峰会上提出："根据整个产业的共同研究和发展，我们发现单车的智能化解决不了整个复杂路况、复杂混合车辆，以及极端天气、极端距离等一系列的场景问题。也就是说单车的智能化通常只能解决目前已经识别的 60% 左右的交通事故，还有 36% 左右是非常难解决的，或者是需要非常高成本才能解决的。而通过 C–V2X 技术，即单车的智能化加上车路协同的相关技术，就可以避免超过 96% 的交通事故。"

根据工业和信息化部的规划：到 2020 年，要实现车联网产业跨行业融合取得突破，具备高级别自动驾驶功能的智能网联汽车实现特定场景规模应用，加快基于 5G 技术设计的车联网无线通信技术（5G–V2X）等关键技术研发及部分场景下的商业化应用。而到 2025 年，要实现利用车联网达到排放降低 20%、交通事故减少 80%、交通效率提升 80% 的目标。

埃里克·布莱恩约弗森和安德鲁·麦卡菲在《第二次机器革命》中写道："我们这一代将很可能会幸运地经历人类历史上两个最让人吃惊的事件——真正的智能机器被创造出来，所有人通过共同的数字网络彼此互联。"就像蒸汽机、电灯泡和计算机分别是前三次工业革命最耀眼的标志一样，基于 5G 和 AI 的智能汽车很有可能将成为第四次工业革命最显著的标志性产品。

第五节 辅助驾驶、自动驾驶、无人驾驶，智能汽车概念大盘点

今天，大部分媒体在谈论智能汽车时，自动驾驶汽车、无人驾驶汽车、智能网联汽车等词汇经常被混合使用。驾驶辅助、ADAS、自动巡航、车道保持、车联网、网联车、V2X、激光雷达、Lidar、高精地图等新概念也经常在报道中反复出现。小伙伴儿们常常会被这些眼花缭乱的新概念绕糊涂。例如，现在已经有不少汽车可以在停车场自动停进车位里了（自动泊车），也有不少汽车在高速公路上能够按照一定的速度自动行驶，并根据与前车的距离自动调整车速（自适应定速巡航），那么，这些汽车是否就是智能汽车呢？汽车厂商在做广告宣传时，也经常将辅助完成特定操作的功能称作“自动驾驶”，甚至还有厂商给自己的汽车上预装了一个能够上网的 SIM 卡，就宣传自己的产品是互联网智能汽车。很多小伙伴肯定在想，如果这些都是智能汽车，那它们跟谷歌正在研究的无人驾驶汽车为啥差别那么大呢？

从中文语义上来说，“无人驾驶”具有“100% 由机器操控”的含义过于狭窄，而“自动驾驶”的语义又过于宽泛。即便在英文语境中，“automated vehicle”“robotic car”“self-driving car”“driverless car”“autonomous car”等术语之间，内涵和外延也并非完全一致。

下面就对智能汽车相关的各种不同概念进行一次大盘点，以便让小伙伴儿们不再感到迷惑，不再被厂商的各种话术忽悠。

智能手机与智能汽车

首先，“智能汽车”的概念是从“智能手机”借鉴过来的。在苹果公司的 iPhone 诞生之前，并没有智能手机这个概念，人们为了将 iPhone 这个划时代的伟大产品与之前的手机区别开，才创造了“智能手机”这个概念。从此，手机被分为了两种：智能手机（smart phone）和功能手机（feature phone）。那么，

智能手机和功能手机的根本区别是什么呢？

功能手机在生产之前，它的功能清单就已经非常明确了，如高档的手机有摄像头可以拍照，有音乐播放器可以听歌，还可能内置了几款小游戏供用户消磨时间；低档的手机就只能打电话、发短信。因此，这些手机到消费者手里以后，里面所有的功能都是固定的，而且都是由软件和硬件绑定在一起形成的。也就是说，功能手机的生产厂商不允许用户随意更换里面的软件，即使允许，给用户的选择也非常有限。

智能手机就非常不同了，虽然同一款手机出厂的时候也是一模一样的，但一到消费者手里，手机用户就可以按照自己的需求安装各种不同的 APP（应用软件），不喜欢手机自带的 APP 也可以删除掉（那些不允许删除自带 APP 的厂商除外）。例如，喜欢自拍或直播的用户，就会安装各种美颜、直播和小视频 APP；喜欢炒股、炒汇、炒黄金的用户，可能就会把各种金融、理财类的 APP 统统装到手机里；而对科技、汽车感兴趣的用户，则会把各种科技新闻、汽车杂志、论坛类的 APP 收入囊中。因此，智能手机的硬件虽然还是一样的，但用户的使用方式或者说它发挥的功能却千差万别了。

智能手机之所以能够满足用户各种各样不同的需求，主要在于以下 4 点。

①它有一个汇聚了各种不同应用软件的 APP 商店，而且里面大部分的 APP 并不是手机厂商开发的，而是由第三方提供的。

②它有一个兼容性很强的操作系统，如苹果的 iOS 和谷歌的 Android，能够让用户安装的各种 APP 在上面运行。

③它有一颗独立的 CPU 芯片，能够为操作系统和各种 APP 提供强大的计算力。

④它有一个 3G、4G 或 5G 通信芯片，能够让手机随时随地高速联网。

因此，是否能够拍照片、听音乐、玩游戏，并不是功能手机与智能手机最根本的差别，而是看以上 4 项特征是否齐备。其实 iPhone 刚刚推出来的时候，诺基亚和三星等手机厂商已经有上述 4 项特征中单项功能强大的手机在销售了，但是能够做到 4 项全能的却只有 iPhone。所以，这也就是为什么 iPhone 是真正的智能手机，而其他的手机至多算是高档功能手机而已。

与手机类比，我们也可以将所有的汽车分为 2 种：智能汽车（smart vehicle）和功能汽车（feature vehicle）。

我们今天使用的绝大部分汽车都是功能汽车，因为这些汽车在设计开发的时候，厂商就为它设定好了各种功能。例如，高档的汽车可以实现自动泊车（APS），解决新手的停车困难问题；可以实现自动刹车（AEB），防止司机打盹或走神导致的追尾事故；可以实现自适应定速巡航（ACC），在路况良好的条件下，解放司机的双脚。当然，低档的汽车除了基本的行驶功能之外，可能也就配了一个收音机，即使配备了导航地图，那也是一年才更新一次，而且还要收取不菲的更新费。总之，对于功能汽车，无法通过更新软件，让汽车解锁更多的技能。

与功能汽车相比，智能汽车至少要具备以下几项特征。

①具有一种或多种传感器，能够使汽车具有环境感知和精确定位的能力。传感器包括单目或双目摄像头、毫米波雷达、激光雷达、GPS 信号接收器或高精度地图等。

②具有自动驾驶系统，能够使汽车实现自动驾驶。自动驾驶是一个范围相当宽泛的概念，自动泊车、自动刹车、自动巡航都可以算“自动”驾驶，但最高级别的应当就是完全不用人类司机干预的自主驾驶。

③具有独立的计算能力和强悍的处理器（CPU 和 / 或 GPU 等），能够使汽车处理传感器收集到的各种复杂信息，根据驾驶任务进行策略决策，并发出执行动作的指令。

④具有独立的 4G 以上的无线通信芯片，能够使汽车时刻保持高速联网。这种联网并不是简单的实现在线导航，还能够与云端的自动驾驶大数据训练中心连接，不断升级自动驾驶技能，甚至具备与道路基础设施或其他车辆直接通信的能力。

因此，是否能够实现自动泊车、自动刹车、自动巡航，也并非智能汽车和功能汽车最根本的区别，核心就是要能够将汽车的软件和硬件分离，然后用软件去定义一款真正的智能汽车。如果非要找出一个类似于 iPhone 那样开创了智能手机时代的智能汽车标志性产品的话，笔者认为，2015 年谷歌公司推出的 Firefly（萤火虫）无人车可当此重任。

智能汽车的等级划分

就像触摸屏是智能手机与功能手机最明显的区别一样，自动驾驶也是智能汽车与功能汽车最显著的区别。为了区分不同级别的自动驾驶，2013 年美国国家公路交通安全管理局（NHTSA）和 2014 年美国汽车工程师协会（SAE）分别制定了分级标准。2016 年 9 月，NHTSA 也转为使用 SAE 的分类标准。因此，今天绝大多数主流自动驾驶研究者已将 SAE 标准当作通行的分类原则。

SAE 标准将自动驾驶汽车分为 0 级、1 级、2 级、3 级、4 级、5 级，共 6 个级别。具体的级别划分和描述如图 2–27 所示。

分级	NHTSA	L0	L1	L2	L3	L4	
	SAE	L0	L1	L2	L3	L4	L5
SAE称呼		无自动化	驾驶支持	部分自动化	有条件自动化	高度自动化	完全自动化
SAE定义		由人类驾驶者全权控制车辆，在驾驶过程中可以得到警告。	通过驾驶环境对方向盘和加速减速中的一项操作提供支持，其余由人类操作。	通过驾驶环境对方向盘和加速减速中的多项操作提供支持，其余由人类操作。	由自动驾驶系统完成所有的驾驶操作，根据系统要求，人类提供适当的应答。	由自动驾驶系统完成所有的驾驶操作，根据系统要求，人类不一定提供所有的应答。限定道路和环境条件。	由自动驾驶系统完成所有的驾驶操作，可能的情况下，人类接管。不限定道路和环境条件。
主体	驾驶操作	人类驾驶者	人类驾驶者/自动驾驶系统		自动驾驶系统		
	周边监控	人类驾驶者			自动驾驶系统		
	支援	人类驾驶者				自动驾驶系统	
	系统作用域	无	部分域				全域

NHTSA：美国国家公路交通安全管理局　SAE：美国汽车工程师协会

图 2–27　自动驾驶汽车分级标准

按照 SAE 的标准，L0 属于传统的人类驾驶，L1 和 L2 属于机器辅助驾驶，L3 以上的都属于自动驾驶，但只有 L5 才是严格意义上的无人驾驶。

按照这个标准，我们一起来看下目前被混为一谈的自动驾驶汽车分别属于哪个级别。

(1) L0 级

现在很多具有前向碰撞预警、车道偏离预警，以及自动雨刷和自动前灯控制等功能的车型，虽然有一定的自动化，但是都仍然属于 L0 级。

(2) L1 级

目前许多配备自适应定速巡航（adaptive cruise control，ACC）、应急刹车辅助（emergency brake assist，EBA）和车道保持（lane-keep support，LKS）的高端车型属于 L1 级。L1 的特点是只有单一功能，驾驶员无法做到手和脚同时不操控。

(3) L2 级

Tesla 公司为某些汽车配备的 autopilot 系统，结合了 ACC、EBA 和 LKS 等功能，使驾驶员在某些预设环境下可以不操作汽车，即手脚同时离开控制，属于 L2 级。L2 的特点是司机和系统分享汽车的控制权，特定情况下，驾驶员可以不再作为主要操作者。

(4) L3 级

奥迪公司推出的第四代奥迪 A8 一直将“全球首款 L3 级自动驾驶的量产车型”标签牢牢地贴在自己身上。作为 L3 最显著的标志，有条件自动驾驶，全新奥迪 A8 的自动驾驶适用范围仅在市区道路，且只有在车速不超过 60 km/h 的情况下才可以生效。奥迪自己也将其称为智能交通拥堵导航系统（traffic jam pilot），系统可以完成的动作包括启动、加速、转向和制动，一旦自动驾驶系统的操控达到极限，就会立刻通知驾驶者重新掌管驾驶。

(5) L4 级

Waymo 公司正在美国部分城市试运营的自动驾驶出租车，百度在世界互联网大会上展示的自动驾驶汽车，以及通用汽车旗下的自动驾驶公司 Cruise Automation、福特刚刚收购的自动驾驶公司 Argo AI 正在各地加紧测试的各种自动驾驶汽车，则属于 L4 级。衡量 L4 级自动驾驶技术水平的权威是美国加州机动车辆管理局（DMV）发布的年度自动驾驶车辆脱离报告。它主要关注的就是自动驾驶汽车因为故障、路面突发或者人为原因，脱离自动驾驶模式，改为人类驾驶员接管车辆的情况。

根据 DMV 发布的 2018 年度报告，目前 Waymo 公司的自动驾驶技术水平最高，不仅测试里程数最多达到了 1 271 587 英里，而且“MPI”（miles per intervention）指数最高达到了 11 154.2，即每 11 154 英里需要人工干预一次。按照 MPI 指数排名，通用 Cruise 紧随其后（5204.9），中国的初创企业小马智行（Pony AI）排名第五（1022.3），百度公司位列第七（205.6）。苹果公司则在 25 家提供数据的企业中垫底，其 MPI 指数很低仅有 1.1，即苹果公司的自动驾驶汽车每 1000 英里的脱离数量就达到 871.65 次，大约每 1.1 英里就有一次脱离。

（6）L5 级

目前世界上尚没有能够达到 L5 级别的无人驾驶汽车。

智能汽车的常见定义

智能汽车：是指通过搭载先进传感器、控制器、执行器等装置，运用信息通信、互联网、大数据、云计算、人工智能等新技术，具有部分或完全自动驾驶功能，由单纯交通运输工具逐步向智能移动空间转变的新一代汽车。智能汽车通常也被称为智能网联汽车、自动驾驶汽车、无人驾驶汽车等。

——智能汽车创新发展战略（发展改革委）

智能网联汽车（intelligent connected vehicle，ICV）是指车联网与智能车

的有机联合，是搭载先进的车载传感器、控制器、执行器等装置，并融合现代通信与网络技术，实现车与人、车、路、后台等智能信息交换共享，实现安全、舒适、节能、高效行驶，并最终可替代人来操作的新一代汽车，又称为智能汽车、无人驾驶汽车、自动驾驶汽车等。

——中国汽车工程学会

智能汽车是新一轮科技革命背景下的新兴技术，集中运用了现代传感技术、信息与通信技术、自动控制技术、计算机技术和人工智能等技术，代表着未来汽车技术的战略制高点，是汽车产业转型升级的关键，也是目前世界公认的发展方向。

——中国人工智能学会

自动驾驶汽车，又称无人驾驶汽车、电脑驾驶汽车或轮式移动机器人，为一种运输动力的无人地面载具。

——维基百科

第三章

智能汽车：人工智能的最佳试金石

第一节 机器视觉让智能汽车看世界

寒武纪大爆发是生物进化的重要转折点，在此之前，生命只以非常简单的形态存在，而在生物具备了视觉感知能力后，对环境的适应性大大增强，生物的进化速度大幅加快。机器视觉对于无人驾驶的意义就类似生物界的寒武纪大爆发，车辆第一次拥有了自主视觉感知和认知能力，也让无人驾驶成为可能。

视觉感知，世界如此多彩

人和很多动物都是通过视觉来感受外界事物的形状、颜色、大小等信息，并在对外界事物的感知过程中逐步形成一些记忆，这些记忆作为“经验”来指导我们使用工具、生产生活和规避风险等。可以说，生物视觉感知系统是生物进化过程中的美丽结晶。人类接收的信息中有 90% 以上来自双目，可见视觉在人类生存与生活中的重要作用。

当然，因为生存环境的不同，不同动物的视觉感知能力也是不一样的，如鹰的视力更敏锐，有利于其高空捕食，而狗能感知到的颜色范围只在可见光的短波长范围（蓝、靛和紫等），所以它们不像人眼中能看到那么多彩的世界，但狗的瞳孔更大，光敏能力也更强，所以狗的夜视能力比人强得多。而对于人类，人的视觉感知“传感器”就是两只眼睛，光在物体表面形成反射、漫反射或散射并传输到眼睛中，再经过视神经把人眼看到的图像传到“处理器”——大脑。这样我们就在大脑中“还原出”物体的影像。

人眼是十分精巧的器官，在光照充足的条件下正常人的视力范围能达到约 4 km，在数百米内能看清大型物体的轮廓，更奇妙的是人的眼睛能够精确调焦并且对焦速度极高。我们把人眼睛能识别到的光谱范围称为可见光（波长在 400 ~ 760 nm）。这个波段之外的光虽然人眼识别不到，但仍然能对人眼造成伤害，要防止大功率紫外光线或者红外光线对眼睛的照射伤害。

人有两只眼睛，这是我们能看到立体影像的前提。人脑自动把左眼和右眼看到的二维图像“拼接”在一起，形成具备深度信息三维图像，这也是人眼对物体三维尺寸判别的重要依据(图 3-1)。除此之外，人眼对画面的感知是连续的，但会有一个残影现象，也就是说图像在眼前消失后人们还能继续感受到画面，利用这种现象人们发明了视频技术。

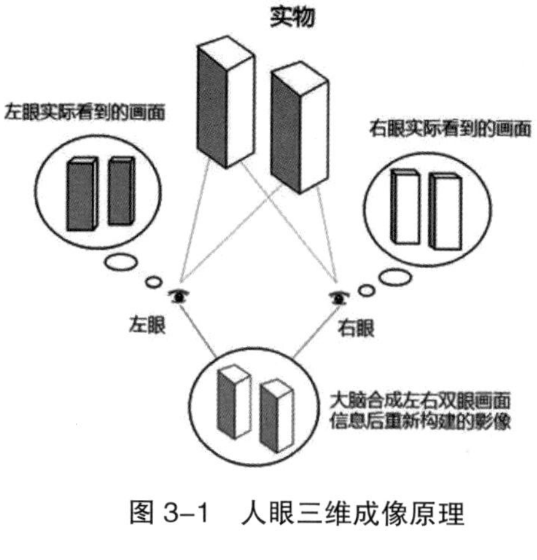

图 3-1 人眼三维成像原理

仿生人眼，赋能机器视觉

机器视觉技术的发展是从模仿人眼结构开始的，其目的是利用机器来代替人工来完成一些检测甚至是判断的任务。随着深度学习技术的快速发展及计算机处理性能的大幅提升，机器视觉的硬件、算法和应用等各个方面都有很大的发展。

机器视觉的发展是从 20 世纪 60 年代发起的，美国麻省理工学院的科研人员开展了“积木世界”理解研究，试验成员利用摄像机输入简单积木画面，成为机器视觉早期研究的开创性代表课题。该课题延伸出的预处理、边缘检测、轮廓线构成、对象建模、匹配等技术至今依然是机器视觉研究的常用手段。在 20 世纪 70 年代，麻省理工学院人工智能实验室正式开设“机器视觉”课程。同时期，随着数字信号处理技术、计算机技术和数字相机等硬件设备的发展，机器视觉的应用逐渐向更多领域发展。到了 20 世纪 80 年代，机器视觉技术迎来了全球化研究热潮，进入蓬勃发展期。

相较之下，我国对机器视觉技术的研究起步较晚。20 世纪 90 年代，一些机构逐渐开始研究。2000 年前后，随着国外电子和半导体工厂在我国落户，整套自动化流水线和先进的机器视觉设备带来了宝贵的研究基础。借着这个机会，进入 21 世纪之后，我国的企业和研究机构通过引进外资、国际合作、政府科研经费支持等多种方式实现了机器视觉技术的高速发展，并培养了大批机器视觉领域人才。如今，凭借高分辨率数字相机、便携式网络终端、大容量硬盘、高性能处理器等硬件设备的价格走低，机器视觉技术得以广泛进入消费级市场，从高端的工业领域逐渐进入“寻常百姓家”，并对社会很多岗位形成了直接冲击，人们开始关注到这项“仿生人眼”技术的巨大作用。

机器视觉根据检测任务和检测对象的不同，系统的组成单元也是不同的，但主要的系统模块还是图像获取、图像处理、图像输出三大模块，分别对应人的眼睛和大脑的职能。目前，以智能网联汽车为代表的先进工业检测机器视觉传感器主要使用工业相机，与普通民用相机相比，工业相机图像的稳定性、传输能力和抗干扰能力都比较强，也更能满足车规级的器件要求。

工业相机的主要传感器件有 CCD（charge-coupled device，电荷耦合元件）和 CMOS（complementary metal oxide semiconductor，互补金属氧化物半导体）两种。成像方面：在相同像素下 CCD 的成像通透性、明锐度都很好，色彩还原、曝光可以保证基本准确。而 CMOS 的产品往往通透性一般，对实物的色彩还原能力偏弱，曝光也不太好，由于自身物理特性的原因，CMOS 的成像质量和 CCD 还是有一定距离的。但由于低廉的价格及高度的整合性，因此，在摄像头领域还是得到了广泛的应用。

视觉感知技术主要包括 3 种：①单目视觉技术，即通过单个相机完成环境感知任务，具有结构简单、算法成熟并且计算量较小的优点，但是感知范围有限，无法获取场景目标的深度信息；②立体视觉技术，基本原理是采用 2 个（或多个）相机从不同视点观察同一目标，并通过计算图像像素间位置偏差恢复三维场景，难点在于寻找多个相机图像中匹配的对应点；③全景视觉技术，成像视野较宽，但图像畸变较大，分辨率较低。这 3 种技术各有优劣，适用于不同的场景，但在像智能汽车这种复杂系统中，也可以结合使用。

数字相机采集的图像是数字图像，是以二进制的形式存储的文件，在处理过程中就可以使用数字信号处理方法。而图像又分为彩色图像和灰度图像。数字彩色图像的颜色是由 R（red，红色）、G（green，绿色）和 B（blue，蓝色）3 个单色调配而成，这 3 个单色被称为三原色。每个单色各有 256 级亮度，用数字表示为从 0，1，2，...，255。所以，RGB 色彩一共能调配出 256×256×256=16 777 216 种色彩。而有一些传感器不能检测彩色图像或者在一些检测场景不太需要颜色信息，为了简化数据处理，采用灰度图像直接进行数据处理。灰度图只含亮度信息，不含色彩信息，也是 256 级，彩色图像可以通过一些公式转变成灰度图。当然，在数字图像处理中 RGB 不是唯一表达色彩的方法，也有通过 HSI（hue，色相；saturation，饱和度；intensity，亮度）

或者 YUV（luminance，亮度；chrominance，色度；chrominance，饱和度）等方法。

图像处理主要包括图像增强、图像平滑（图像去噪）、图像边缘锐化与边缘检测、图像分割、特征提取、图像识别等，每种方法都有各自不同的算法工具来分别实现调整图像对比度、去除噪声、加强图像边缘轮廓细节以分离图像、对图像分割分类处理和识别、判别等功能，这些技术进一步推动了机器视觉技术的发展与应用，提升机器的视觉识别能力。

机器视觉，机器人的寒武纪大爆发

如今，机器视觉早已进入寻常百姓的生活当中。基于机器视觉测量或监测的无接触传感技术无论是在生活还是在工业中都深受大家喜爱，因此，技术的普及速度也非常快。例如，图 3–2 中索尼、微软提供的体感游戏，就是借助多目摄像头配合机器视觉技术来感知玩家的位置和动作，从而让玩家能丢掉键盘、运动全身。

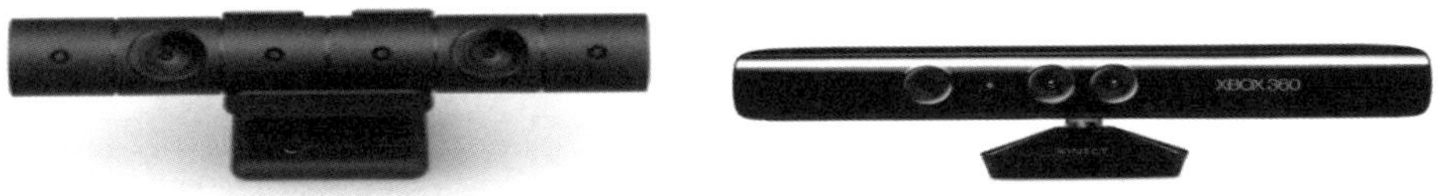

图 3–2　索尼 PlayStation 4 摄像头和微软 X–BOX 的 Kinect 摄像头

在工业生产中，因为人类质检员存在的成本高、速度慢、客观性较低、会出现疲劳等原因，在很早之前就已经开始使用机器检测逐步代替人工检测，初期使用的图像式质检设备多用于高重复性的外观特性检测（如打印质量检测、印刷电路板检测、包装检测），或者作为人工检测的辅助设备。随着人工智能技术的发展，现阶段的机器视觉质量检测技术已经可以完成多种缺陷的自动筛选、自主判别等“高智商”功能。例如，在农产品生产中，机器视觉可以用于监测作物的生长状态，提供科学的病虫害预防、灌溉施肥方法；在作物成熟后，还能自主根据果实的色泽、大小、形状等完成产品参数分级、坏果筛查等工作，极大地提升了农业生产的效率。近年来，我国公安系统在全国范围内建成世界上最大的视频监控网（图3–3），视频镜头超过2000万个，整个大工程叫作“中国天网”。这些摄像头后台集成了人脸识别、车辆识别等机器视觉技术，可以帮助民警自动对刑事案件、治安案件、交通违章、城管违章等图像进行信息分类，为强化城市综合管理、预防打击犯罪和预防突发性治安灾害事故提供可靠的影像资料。

图3–3 “中国天网”监控系统

而在交通领域，机器视觉技术也早已运用已久。除了基于人脸识别的闯红灯抓拍之外，很多火车站，甚至海关出入关口都设置了人脸识别设备，可以直接“刷脸”出入。例如，阿里巴巴公司近年来发展的高速支付业务，就是与各地政府合作，在很多高速公路的出入口建立支付宝快速通道，利用机器视觉技术识别车牌，实现了高速路口无须排队，直接通行，使高速收费排队现象得以解决。

机器视觉+汽车，让汽车看懂世界

最早被提出的车载视觉系统是二十世纪六七十年代美国在火星探测计划中提出的将视觉系统作为火星车的传感器，但受限于当时的计算机处理能力，没有将机器视觉技术应用在火星车的传感系统中。

到了20世纪80年代，美国国防高级研究计划局（DARPA）开始大规模资助自动驾驶陆地车辆在军事方面的应用化研究，并开展了自动陆地车辆（autonomous land vehicle）预研课题，机器视觉技术也成为该课题的研究重点。差不多同一时期，德国的自动驾驶技术也开始强劲发展起来，德国慕尼黑联邦国防大学科学家同德国奔驰汽车公司合作，提出了将机器视觉技术运用到高速公路的车道识别与跟踪中的想法，并研制成功了VaMoRs-P（advanced platform for visual autonomous road vehicle guidance）等型号试验车，在高速公路的试验过程中，可以实现96 km/h的安全运行速度。随后，西欧国家在欧洲高效安全交通系统计划（Prometheus，即普罗米修斯计划）中，将机器视觉列为计划中的主要传感器之一。

从20世纪90年代到21世纪初，随着机器视觉技术的不断进步，各大车企、政府间组织和汽车部件供应商纷纷上马各种基于机器视觉的自动驾驶和辅助驾驶传感系统，这些系统也随着相关技术的进步而越发成熟，并逐步在一些量厂车上安装。到目前为止，机器视觉相关的传感系统主要是以高级辅助驾驶（advanced driving assistant system）的形式在量产车上进行安装。而随着人工智能技术的向前发展，机器视觉也成为无人驾驶汽车系统中最重要的环境感知技术。

传感器就是智能汽车的眼睛，车道信息、车辆行人、交通标识等都是汽车行驶过程中必须要观察到的信号。所以，在传统的辅助驾驶车辆中，车身上就安装了前置摄行头、后视摄像头，乃至环视摄像头等不同位置的摄像头。在智能汽车中，摄像头的安装数量更是夸张。根据各厂商的技术路线不同，在车前或内倒车镜处、外后视镜处、车顶处和车尾处大多都安装了各种各样的摄像头（图3-4），分别组成单目或多目测量系统来采集不同的信息。然而，摄像头受孔径、焦距等参数的影响，对二维和三维图像的成像都会产生一些畸变，所以，在使用前都需要将摄像头进行标定，常用的标定工具就是棋盘格。

图 3-4 不同厂商的自动驾驶汽车摄像头方案

目前，机器视觉在车辆上的应用主要体现在 4 个方面：基于机器视觉的道路检测、基于机器视觉的前方障碍物检测、基于机器视觉的交通信号灯与交通标志识别和基于机器视觉的自主导航定位。

基于机器视觉的道路检测

车道偏离预警系统（lane departure warning system，LDWS）已经广泛地安装在很多种中高档乘用车型中，甚至在一些紧凑型乘用车的高配款车型上也有下探。传统的车道偏离预警系统利用车身前面或侧面安装的摄像头，配合车速传感器预判车辆的横向运行轨迹，当预判到车辆有偏离车道的风险时，会通过声音或者方向盘振动等形式向驾驶员传递预警信号，帮助驾驶员矫正行驶方向。

在自动驾驶车辆里，采用机器视觉技术判定车辆与车道的偏离状态，处理器可以通过线控底盘直接控制转向系统，使车辆回到正常行驶车道。然而，无人驾驶汽车的智能系统仅仅检测车道偏离肯定是远远不够的，还需要通过前置摄像头将道路整体走向、斜率等信息一并处理，为车辆的转向和纵向运动速度等参数提供预判。为了实现这个目标，处理器需要将摄像头采集到的图形进行预处理后来建立车道模型，然后通过寻找中心点、计算斜率差、估计消失点等几个步骤确定车道的几何参数，供自动驾驶系统进行判断，整个处理过程如图 3-5 所示。近些年，针对一些车道线甚至道路边界线不清楚的非结构化道路，人们在机器视觉检测技术方面开展了相应的研究，相信未来随着自动驾驶场景的不断升级，都会一一实现。

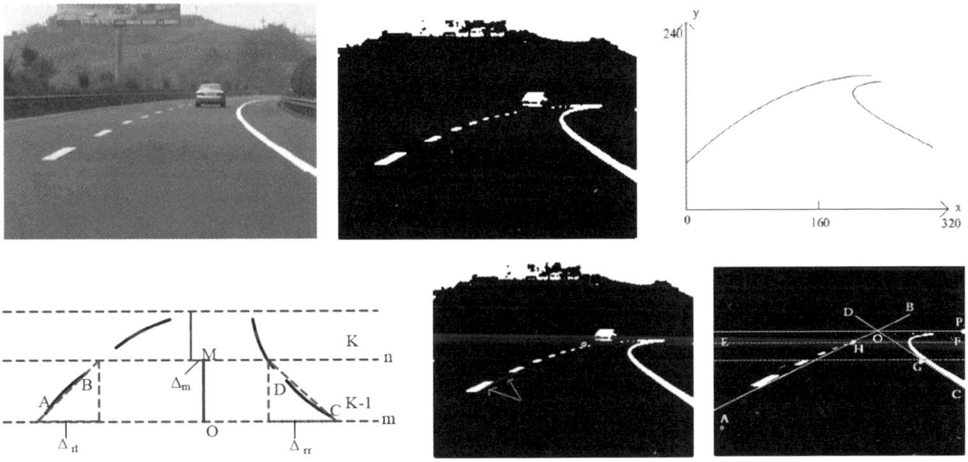

图 3-5　机器视觉技术对车道线的处理

（上述图片分别为：原图、预处理、建立车道模型、寻找中心点、计算斜率差、估计消失点）

基于机器视觉的前方障碍物检测

人和车辆识别是车辆机器视觉中相对基础的应用，与上文人脸识别的内容相似，通过一定数据量的训练积累，智能汽车基本都能成功识别出道路上的人和车辆或者其他障碍物。现阶段智能汽车中障碍物监测的主要目标是计算并预判行人和车辆的距离、运行方向和速度等信息并进行跟踪。

常用的运动目标视觉检测方法有 3 种：帧差法、光流法和背景差法。帧差法就是直接根据视频中每帧图像的差分结果来判别运动情况，是一种较为直接简单的运动目标检测方法。光流是空间运动物体被观测表面上的像素点运动的瞬时速度场，它携带了运动目标的多种运动参数。通过解析光流信号，可以确定运动目标的数目、运动速度、目标距离和目标的表面结构等参数。背景差法是利用视频图像中的每一帧图像与事先取定的不再变化的背景图像相减比较得到运动区域，求取运动目标。但难点在于汽车（相机）是运动的，背景图像就不是静止的，在使用上述方法时还有很多的挑战。而在车辆运动检测方法中，也是主要采用基于运动特征（光流）、形状特征（阴影、边缘、棱角、纹理、对称性等）和模板匹配的检测方法，大部分和行人检测相类似。

基于机器视觉交通信号灯与交通标志识别

智能车在道路行驶的过程中也需要像有人驾驶汽车一样遵循交通规则，这就需要智能车对交通信号和标示具有识别能力。世界各国对交通信号标志的设计和制作基本上都是统一的，2017 年，关于交通信号标志，我国颁布了新的国家标准《GB 5768—2017 道路交通标志和标线》，交通标志和标线信息更加规范和全面，这也为机器视觉能够更好地识别交通标志提供了有利条件。

交通标志的识别和上文提到的车牌识别所用到的技术大体相似，都是将采集到的交通标志图像进行预处理，将标志牌的形状和颜色等信息做初步处理（二值化、图像增强、图像复原、图像滤波、归一化、几何变换等），改善图像质量，方便后续机器处理。然后，对标识牌内部图像和文字做特征提取。最后，与先验的标准模板进行匹配，识别出标识牌的内容。

而对于交通灯来说，不仅需要采集颜色信号，在一些有计数功能的信号灯前还需要提取数字信息，除此之外，还有一些路口的交通灯是用箭头表示行驶方向的。因此，单以颜色来判断交通信号灯过于片面了，因为路面上的汽车尾灯同样是红色，这可能给测量结果造成干扰。所以，交通灯识别的第一个重点就是做好数字图像的分割。我国交通信号灯形式多样，使得我们很难设置一个标准的先验模板库，在一定程度上为机器视觉对交通灯的识别增加了难度（图 3–6）。不过基本上，我国的交通信号灯还是有一定规律的，如红、黄、绿 3 个灯的排列顺序大概是从上到下或者从左到右。数字多以七段数码管的形式，这为机器视觉的信号灯识别提供了参考。

图 3-6 复杂形势的交通信号灯

基于机器视觉的自主导航定位

车载导航、手机导航等基于电子地图和卫星定位信号的导航系统在如今的乘车出行中发挥着重要的作用，而现有的电子导航地图是供驾驶员参考的，所采用的定位方式也主要是以卫星定位为主。在智能汽车中，导航地图已经不再给驾驶员参考，导航信号直接传输给处理器。而卫星定位技术也不能完全满足智能汽车的定位需求，在一些隧道等卫星信号不好的地方，人类驾驶员尚且能够依靠自己的经验来判断自己的位置，但智能汽车就需要使用其他传感器来辅助确定位置了。

近些年，同时定位与地图构建（simultaneous localization and mapping，SLAM）技术的出现为智能汽车导航提供了一个新的方向，SLAM 问题可以描述为：机器人在未知环境中从一个未知位置开始移动，在移动过程中根据位置估计和地图进行自身定位，同时在自身定位的基础上建造增量式地图，实现机器人的自主定位和导航。所以说 SLAM 技术不仅是定位技术，同时也在对经过的路径进行构图。视觉 SLAM 技术的实现方法有很多，单从使用的数字相机就可以分为单目视觉方法、双目视觉方法和深度视觉方法。其中，单目相机利用多帧图像来估计自身的位姿变化，再通过累计位姿变化来计算距离物体的距离，并进行定位与地图构建；而深度相机可以通过结构光、时间飞行相机或者是事件相机几种方式通过收集到的点云数据，直接计算障碍物距离。在进行定位时一般利用提取图像中的特征点或者直接图像匹配的方式，将现在拍摄的图像与此前创建的图像对比，来确定自己的位置和位姿等参数。

经过科学家和工程师们多年的努力，智能汽车的视觉传感技术已经日趋成熟。机器视觉技术的进步也使得视觉传感器更加智能、高效。不过，我们也要看到，视觉传感器在一些特定情况下也会力有不逮，如强光下会过度曝光，弱光或者阴暗天气下探测能力下降等，而且数据量比较大，很多数据难以实时处理。在智能汽车的未来发展中，机器视觉技术可以配合其他传感技术（如激光雷达、毫米波雷达、惯性传感器、轮速传感器、卫星导航等）一起作为智能汽车的“眼睛、耳朵、鼻子”，让智能汽车的感官更加灵敏，更好地看懂世界。

第二节　高精地图让智能汽车老马识途

地图是人们交通出行的重要指引，对于陌生的道路环境，我们通常依靠如百度、高德等数字地图软件了解自身位置和周围环境，并进行路径规划。即便对于熟悉的交通环境，在驾驶过程中虽然不需要外部软件的帮助，但我们其实是在借助头脑中的“地图”完成规划和驾驶的。随着技术的进步，导航电子地图的信息也不再仅仅限于道路交通，加载在地图上的实时交通信息帮助我们规避拥堵、科学决策，而商业信息、停车场信息等 LBS 服务（基于位置的服务）也都以地图为载体呈现在驾驶员面前，大大方便了日常生活，可以说，导航电子地图已经成为当今社会的重要流量入口，也成为 BAT 等科技巨头争相抢占的重要生态节点。

对于无人驾驶汽车，车辆的操控主体由司机转变为无人驾驶系统，对应的地图系统也将发生改变，使之更适合无人驾驶的需求。无人驾驶的核心就是要解决“我在哪”“我去哪”“怎么去”的问题。这些问题的解决都离不开高精度地图及高精度定位的支持。通过高精度地图和定位的配合，可以告知汽车所在位置及与目的地的相对关系，并结合道路信息与实时路况进行路径规划，可以说，高精度地图是未来无人驾驶的重要基础技术，并且具有不可替代的重要作用。

高精度地图，汽车的“长周期记忆”

高精度地图是指绝对精度和相对精度均在分米级甚至厘米级的高精度、高新鲜度、高丰富度的导航地图，也称为三维高精度地图，简称 HD Map (high definition map) 或 HAD Map (highly autonomous driving map)。与日常生活中使用的导航电子地图不同的是，高精度地图是给车“看”的地图，由于地图“用户”的不同，因而对地图的精度、信息丰富度等要求也发生巨大变化。

对于给人类驾驶员看的导航地图，一般只需要达到米级的精度即可，这是因为在司机驾驶过程中，地图更多是起到辅助和提示的作用，司机通过地图大致了解周围的道路情况、交通环境等信息，从而形成一个粗略的全局环境信息，实现路径规划的目的。而精确的局部环境信息，司机可以通过驾驶过程中的感知来完成，通过眼睛的观察，司机就会确认车辆所在的准确位置，包括车道信息，距离路口的大致距离等信息。对于人类司机，进一步提高导航地图的精度也无助于提升驾驶的辅助作用，甚至过多的地图信息可能会对司机造成干扰，反而影响地图的使用体验。

反之，对于无人驾驶汽车，由于车辆的驾驶脑还没有达到足够的智能水平，如果仅为车辆提供粗略的全局信息和米级的定位精度，由于地图和定位的误差，车辆将可能产生车道级的误差，并带来极大的交通隐患，所以，目前常见的导航地图的精度无法支撑无人驾驶的安全运行。从上面的分析可以发现，对于车辆使用的地图，既承担着为车辆提供粗略的全局环境信息的职责，也要为车辆提供高精确的局部环境信息。由于车辆会在地图上的任何位置行驶，因此，车载地图必须具备全局的高精度才能满足车辆在不同位置的定位需求。

未来，如果车辆的智能水平达到人类驾驶员的水平，可以自行通过车载传感器等构建局部的高精地图信息，高精度地图依然是不可或缺的无人驾驶基础。毕竟一次性的投入建设基础地图平台的成本要远远小于让每一辆车都大幅提高智能化水平的成本，更不要说地图在承载 V2X 通信、智能交通等方面的巨大作用。

当然，高精度是相对于传统导航地图而言的，对精度的追求也不会无止境的增加，最终一定会在精度要求与成本之间取得平衡。以当前行业的普遍认识而言，考虑到车道线宽度大约在 20 cm，因而道路、车道线、护栏等的精度至少要达到 10 ～ 20 cm 水平，这样才能保证车辆不发生车道级的误差，保证车辆各行其道。而对于红绿灯、标识牌等道路基础设施，精度则可以稍微降低，立交跨越等只需作为全局信息让车辆了解交通环境即可，在精度方面也只需达到米级即可，不同交通要素精度要求如图 3–7 所示。

图 3–7　高精度地图不同交通要素精度要求示意

高精度地图是对物理道路环境的数字抽象，在抽象过程中形成基本的高精度地图模型，做到既保留重要的道路信息与基本的拓扑结构，也去除不必要的信息。对于静态的基础高精度地图，通常需要3个层次的信息来表达真实道路信息：第1个层次是参考线，代表传统导航地图的道路；第2个层次是车道标线，代表车道信息；第3个层次是与路网车道相关的对象，如限速标牌、红绿灯等。因此，高精度地图的数据模型也分为三大类：道路模型、车道模型、对象模型。

道路模型是对现实道路结构进行抽象，形成的顶点与边组成的拓扑结构，在道路拓扑模型中除了要表示出道路走势，还要通过顶点描述道路的连通关系，除了图形属性道路模型，还包括车道数量、道路等级、功能属性等属性；车道模型记录车道的行驶参考线及车道的边线（标线）及停止线等，同时，车道模型也包含车道与道路拓扑的关系；对象模型是道路和车道行车空间范围边界区域内的要素，模型属性包括对象的位置、形状及属性值。这些要素具体包括：路牙、护栏、立交、隧道、龙门架、交通标牌、可变信息标牌、轮廓标、收费站、杆、交通灯、墙面、箭头、文本、符号、警示区、导流区等。图3–8为HERE公司规划的高精度地图分层结构。

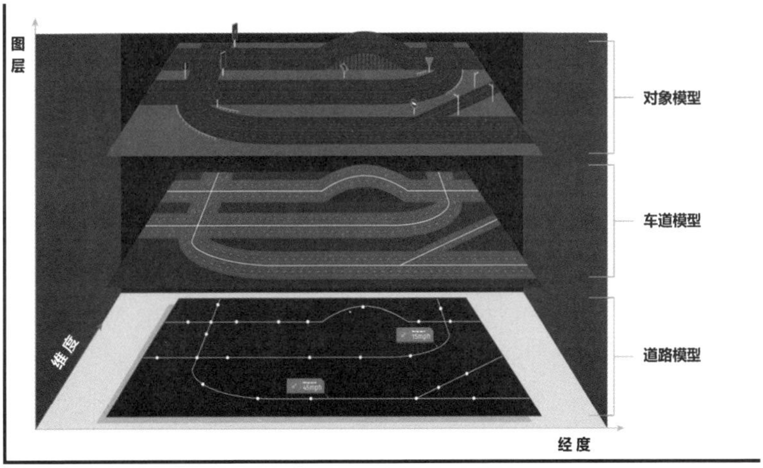

图3–8　高精度地图公司HERE规划的高精度地图对象模型分层结构

以静态高精度地图为载体，通过加载动态交通信息构建动态高精度地图，便可以极大地提升高精度地图在交通规划、智能交通、V2X等方面的支撑作用。

动态高精度地图相比静态高精度地图也从单一基础道路结构的数学抽象升级为实时道路交通环境的数学抽象，形成完备的实时数字化交通环境。

高精度地图的特点除高精度外，还具备高新鲜度、高丰富度的特点。在信息丰富度方面包括道路类型、曲率、车道线位置等道路信息，以及路边基础设施、障碍物、交通标示等周围环境对象信息。在信息鲜度方面，高精度地图将包括实时交通流量、红绿灯等动态信息，这些信息也将为无人驾驶的运行带来极大的安全和便利。

考虑到动态高精度地图不同信息对实时性的要求不同，通过对信息进行分级处理，可以有效提高地图的管理和采集效率。最早在2007年，博世就提出LDM（local dynamic map）模型，其将地图信息分为4层，包括静态地图信息，补充静态信息，动态信息（天气、交通情况等）及实时信息（包括车辆、行人等）。目前，各大图商也都提出自己的地图分层方式，我国也结合中国道路交通实际和发展需求，提出了3级7层的完备高精度地图分级信息。各企业／组织对高精度地图的分级情况见表3-1。

表 3-1　各企业 / 组织对高精度地图的分级情况

国家	企业／组织	分级数	具体分级情况
德国	Bosch	4	Static (semi-permanent) Map Database Additional Static Information Temporary and Dynamic Information Dynamic and Highly Dynamic Objects
荷兰	TomTom	5	Navigation Data (SD Map) Planning Data (3D-Lane Map Layer) Localisation Data (Road DNA) Behavioural Data Live Map Data (LDM)
德国	Here	3	Mapping Layer (HD Map) Dynamic Layer Analytics Layer

续表

<table>
<tr><th>国家</th><th>企业／组织</th><th>分级数</th><th colspan="2">具体分级情况</th></tr>
<tr><td>美国</td><td>Lyft</td><td>5</td><td colspan="2">Base Map Layer
Geometric Map Layer
Semantic Map Layer
Map Priors Layer
Real-Time Layer</td></tr>
<tr><td>日本</td><td>DMP</td><td>4</td><td colspan="2">基础地图（更新周期 <1 月）
半静态信息（更新周期 <1 小时）
半动态信息（更新周期 <1 分钟）
动态地图（更新周期 <1 秒）</td></tr>
<tr><td rowspan="3">中国</td><td rowspan="3">中国智能网联汽车产业创新联盟
自动驾驶地图与定位工作组</td><td rowspan="3">7</td><td>道路级导航层</td><td>传统路网数据
宏观动态数据</td></tr>
<tr><td>车道级导航层</td><td>车道级路网数据
车道级路侧数据</td></tr>
<tr><td>自动驾驶辅助层</td><td>高精度 3D 数据
实时环境数据
驾驶员数据</td></tr>
</table>

高精度地图如何让老马识途

高精度地图是汽车的长周期记忆，可以协助保障无人驾驶汽车的安全、高效行驶。同时，高精度地图打破了车载传感器的信息孤岛化问题，通过高精度地图与车载传感器的信息融合，极大地提升了车辆的环境感知能力，提高无人驾驶汽车的安全性。高精度地图对无人驾驶汽车的作用具体体现在以下几个方面。

提供先验信息。目前，激光雷达、毫米波雷达等常见车载传感器的感知范围仅为几百米，并且其感知能力会受到天气、障碍物等的限制。而高精度地图能够为车辆提供超视觉感知能力，当道路环境被其他物体遮挡，或者超出了传感器感知范围时，高精度地图能够辅助车辆对行进方向进行环境感知。同时，高精度地图能够为车辆提供曲率、高程等重要的道路基础信息，辅助汽车的控制。

例如，当车辆转弯时，可以根据曲率进行提前减速，控制传感器甚至大灯转向辅助。高精度地图也会提供隧道等详细信息，车辆在进入前可以提前开启大灯或调整传感器感光参数。高精度地图还可以提供坡度信息，能够辅助车辆控制油门，节省能源。因此，高精度地图提供的先验信息可以大幅提高无人驾驶系统的舒适性。

提高感知效率。高精度地图不仅包括基础道路信息，也涵盖道路标线、标识牌、红绿灯等交通要素信息，通过高精度地图的感知辅助作用，可以为无人驾驶系统标记传感器的感兴趣区域（region of interest，ROI），从而将汽车的感知能力、计算能力集中到ROI，提高传感器的检测精度和速度，节约计算资源。

辅助车辆定位。无人驾驶定位除了依靠卫星导航、惯性导航等传感器外，也可以利用道路特征和车载传感器实现 SLAM 高精度定位，道路的路边护栏、路牙、电话亭、标志标牌等信息，都可以成为车辆自定位的辅助信息，而这种定位技术也更贴近于目前人类司机在驾车时的定位方式。高精度地图信息要素如图 3–9 所示。

图 3–9　高精度地图信息要素示意

提供智能交通载体。未来动态高精度地图不仅可以提供基础道路信息，其动态平台也可以加载包括实时交通流量、红绿灯信号及时长、交通事故与交通管制等在内的实时动态信息。同时，车辆传感器信息等都可以传递至动态高精度地图平台，基于这些信息可以形成城市级交通动态信息，打造数字化城市交通场景，通过云端平台实现车辆的调度与路径优化，提高交通效率。

记忆的形成——高精度地图的生产与监管

高精度地图的生产包括外业作业（数据采集）和内业作业（数据处理、校对、标注及补缺）等作业流程。外业作业一般通过专业高精度地图采集车进行采集，目前也有科技公司通过众包模式，以低成本的摄像头方案为主进行地图的数据采集。传统的内业作业是通过人工处理的方式进行地图处理和校对，目前人工智能正在地图处理方面得到越来越广泛的应用，大幅提升地图的处理流程。未来，实时高精度地图需要对系统进行即时审核，人工智能也将在内业作业中扮演越来越重要的角色。

专业高精度地图采集车的采集系统包括激光雷达、摄像头（普通摄像头、全景摄像头、深度相机等）、惯性导航、差分 GPS 等传感器。通过差分 GPS、惯性导航并结合轮速传感器实现采集车的高精度定位，激光雷达、摄像头用于采集道路环境数据。图 3–10 为两种典型的高精度地图采集系统。复杂的采集系统导致采集车成本大幅提升，一辆高精度地图采集车的价格在百万元量级。

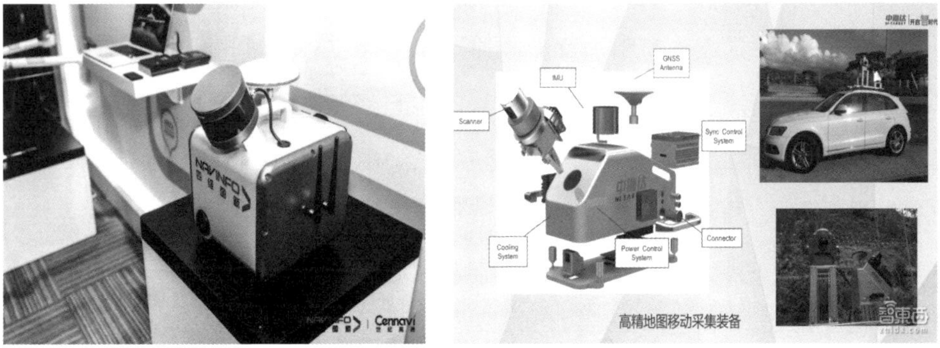

图 3–10　两种典型的高精度地图采集系统

专业测绘车的高精度地图采集效率仅为每天数十千米，地图采集成本高，地理信息丰度的提升也大幅增加内业作业工作量，受到采集成本和内业制作成本的综合影响，高精度地图的成本远超传统电子导航地图。根据测绘精度、采集系统不同，现在高精度地图成本大约在每千米几千元至几万元。

在测绘进展方面，国内四维图新、高德和百度三大图商的高精度地图采集进展大体相当，依托采购和自研的高精度地图测绘设备，基本完成我国 30 余万千米高速公路和城市快速路的地图采集，并规划到 2020 年完成城市道路采集。但现阶段地图数据仅限于基础地图信息，地图的更新频率为 1 ～ 3 个月，尚未实现动态信息采集。

日本 DMP 公司计划于 2018 年年底完成 3 万千米高精度地图采集，2020 年实现高精度地图全覆盖，截至 2018 年 11 月，已经完成约 2.2 万千米采集。同时，日本于 2018 年年底完成测试区域 1000 千米静态数据的采集，并开展半动态和动态数据的采集和测试验证，在东京 Shinbashi 地区更是开展动态高精度地图测试。

国际图商巨头 HERE 在 2018 年 1 月已完成 55.6 万千米高精度地图测绘，并预计于 2018 年年底提升至 100 万千米；TOMTOM 于 2017 年 10 月已经完成 38 万千米高精度地图测绘，其中美国 18.5 万千米，欧洲 17.5 千米，日本 1.8 万千米。

创业公司方面，Mobileye 已经完成日本高速公路高精度地图采集，精度达到 10 cm；Ushr 完成美国和加拿大高速公路网络高精度地图绘制，并在通用汽车的 Super Cruise 系统上得到应用；lvl5 也已经基本完成美国高速公路网的覆盖。国内高精度地图行业也活跃着众多创业公司，极奥科技已经形成 1000 万辆的众包采集车队，覆盖全国 300 多个城市和 30 万千米主干路网，Momenta、宽凳、DeepMotion 等创业公司也都在加速高精度地图布局。

高精度地图高昂的成本是阻碍行业发展及应用的重要问题，采用众包式采集、应用低成本采集系统及加速人工智能在内业作业中的应用是降低成本的重要方法。现阶段，众包采集多与共享出行或物流公司合作，通过共享出行或物流车辆的运行，完成地图的全面覆盖。由于众包方式主要采用基于摄像头的方案，就需要人工智能技术的推广应用，通过双目、多目摄像头方案提前采集物体的深度信息，并对采集到的信息进行智能认知。人工智能技术的发展是使众包方案具备可行性的重要基础。

未来，随着无人驾驶技术的发展和云端平台的建设，未来的汽车都将成为高精度地图采集、生产、应用、更新闭环中的重要环节，车端的传感器数据将上传至地图云中心，云中心通过数据挖掘和分析，对高精度地图进行更新并发布回车端，实现生产运营一体化闭环模式。

高精度地图需要实现对所有道路交通环境和部分周边环境的高精度表达，这也对国家地理信息安全等产生威胁，因此，高精度地图的生产、使用必须在国家相关政策、标准的监管之下。为加强管理，我国将地图的测绘资质分为甲、乙、丙、丁 4 级。导航电子地图制作则属于甲级测绘资质，目前，国内具备甲级资质的厂商不足 20 家。为进一步提高地理信息的安全性，导航电子地图在公开出版、销售、传播、展示和使用前，必须由测绘行政主管部门指定的机构采用国家规定的方法统一进行空间位置技术处理。为补偿地图空间位置加密处理造成的坐标系变化，使导航功能得到应用，车端引入了卫星定位信号加密插件，使两者能够有较好的匹配。

高精度地图的孪生兄弟——高精度定位

高精度地图与高精度定位密不可分，两者缺一不可。目前，高精度定位技术分为基于信号的定位方案、基于航迹推算的定位方案、基于环境特征匹配的定位方案三大类。

基于信号的定位主要指全球导航卫星系统(GNSS)，同时也包括基于超声波、Wi-Fi、超带宽、ZigBee 等的室内定位技术，这些室内定位技术在地下停车场、隧道涵洞等场景也具备重要应用价值，对 GNSS 形成重要补充。

GNSS 能在地球表面或近地空间的任何地点为用户提供全天候的三维坐标和速度，以及时间信息的空基无线电导航定位系统。全球 GNSS 系统包括美国的 GPS、俄罗斯的格洛纳斯卫星导航系统（GLONASS）、欧洲的伽利略系统（GALILEO）和中国的北斗系统（BDS）。

普通的多星（GPS、北斗、伽利略）定位的定位精度能做到 1 ~ 2 米，不能满足 L3+ 级别无人驾驶厘米级定位的要求。为了达到更好的定位精度，目前，无人驾驶普遍采用 RTK 的卫星定位技术。RTK 定位的优点是全球可达、全天候全天时可用、定位精度高、使用简便等，在空旷无遮挡的区域能够实现对车辆的厘米级定位。但是也存在一些问题，如基站布设成本高，易受电磁环境干扰、易受环境遮挡、信号多径效应、4G/5G/Wi-Fi 网络环境差的影响等，从而影响定位精度和定位系统的可用性。

航迹推算是通过测量运动主体移动的距离和方位，与原位置叠加，从而推算出当前位置的方法。在其他定位方式定位精度降低或不可用的情况下，如当车辆在无法接收 GPS/GNSS 信号的区域（隧道或地下通道）或发生非常强烈的多径传播（被高层玻璃覆盖的建筑物环绕的区域）中移动时，通过使用来自各种传感器（陀螺仪传感器、加速度计、速度脉冲等）的信息来计算当前位置。

IMU（inertial measurement unit，惯性测量单元）是常用的航迹推算系统，优势在于没有外部依赖，可以提供短时高精度的定位结果，缺点在于在连续的位置和方向的测量中误差会不断累积，导致位置和姿态的测量结果偏离实际位置，因而无法做长时间的高精度定位。航位推算解决方案广泛应用于汽车导航系统。

环境特征匹配技术通过实时测量提取环境特征，并与预先采集的基准数据进行匹配，从而获取确定无人驾驶车辆的当前位置。在实际的应用中，环境特征的定位系统都需要其他定位系统辅助给出初始位置，从而实现在限定区域中匹配环境特征，达到降低计算量、减少特征测量值与预采集基准数据之间可能发生的多重匹配，实现更优的定位结果匹配的目的。在无人驾驶系统中，常用的环境匹配的定位方案是基于激光点云匹配的定位方案和基于图像匹配的定位方案。

未来的高精地图，汽车的共享记忆

根据众多主机厂规划，2020年将是L3级自动驾驶集中上市时间，高精度地图即将进入规模化应用阶段。而随着L4、L5级无人驾驶技术的发展，未来智能网联汽车高精度地图将在更新方式、商业模式、信息丰度、运营理念等方面不断变革，支持并推动智能网联汽车产业的发展。

L3/L4/L5级别的无人驾驶对于高精地图的依赖非常强，由于高精地图是对物理世界的数字化，同时，物理世界时时刻刻都在发生着变化，因此，如何应对快速变化的道路环境在无人驾驶时代是一个迫切需要解决的问题。

在基于环境匹配的定位中，如果道路环境变化，就可能会影响到匹配算法的准确度，进而出现定位偏移，影响无人驾驶汽车对于周围环境的判断，最终影响到驾驶的安全性。

对于路径规划、行为预测、系统决策等也存在同样的问题。无人驾驶往往都是车道级的路径规划，如果实际道路环境中车道数量、位置发生了变化，与实际环境不匹配的道路信息对各个功能模块都会提供错误的信息输入，最终影响驾驶系统的可靠性和稳定性。

所以，在无人驾驶的时代，能够快速更新的高精地图数据在线升级（OTA）系统不可或缺。高精度地图是对物理世界的三维数字化，物理世界时时刻刻都在发生变化，高精度地图如何应对快速变化的道路环境在无人驾驶时代将是一个迫切需要解决的问题。道路环境的及时更新关乎智能网联汽车的驾驶安全性，以及路径规划、行为预测、系统决策等功能实现。因此，OTA也是未来高精度地图发展的必然方向。

车路协同智能交通。未来高精度地图特别是动态高精度地图的发展，将大量融合V2X系统信息，实现智能交通信号灯等路测设备信息在高精度地图平台上的实时展示。届时，高精度地图将不仅成为汽车无人驾驶的支撑，也将成为智能交通管理规划的重要协同平台，推动城市级道路交通管理。

搭建行业基础平台。为应对高精度地图发展需要，我国也将发挥体制机制方面的优势，整合行业力量，通过搭建行业基础平台，实现高精度地图信息的有效交互，避免产品标准的碎片化、孤岛化。通过基础平台建设也可以降低重复基础投入和地理信息安全防护成本，推动行业的协同发展。

展望未来，相信高精度地图将成为众多主机厂、零部件公司、图商的创新汇聚平台，并成为支撑我国智能网联汽车创新发展的重要基础。

第三节 车联网——智能汽车朋友圈的纽带

车联网指借助新一代信息通信技术，实现车内、车与人、车与车、车与路、车与服务平台的全方位网络连接，提升汽车智能化水平和自动驾驶能力，从而提高交通效率，改善汽车驾乘感受，构建汽车和交通服务新业态，为用户提供智能、舒适、安全、节能、高效的综合服务。车联网技术预计会在避免交通事故、提升道路安全、缓解拥堵、提高交通效率、降低能耗、减少环境污染等方面取得显著效果。

车辆向着智能化、网联化方向演进，车联网技术将聚焦于智能网联汽车（intelligent and connected vehicle，ICV）不同阶段的应用中。V2X（vehicle to everything）通信技术作为智能网联汽车中的信息交互关键技术，主要用于实现车间信息共享与协同控制的通信保障。在未来的自动驾驶应用中，V2X 通信技术是实现环境感知的重要技术之一，与传统车载激光雷达、毫米波雷达、摄像头、超声波等车载感知设备优势互补，为自动驾驶汽车提供雷达无法实现的超视距和复杂环境感知能力。V2X 通信通过和周边车辆、道路、基础设施进行通信，从时间、空间维度扩大了车辆对交通与环境的感知范围，能够提前获知周边车辆操作信息、交通控制信息、拥堵预测信息、视觉盲区等周边环境信息。可见，车联网的应用增强了汽车的环境感知能力，降低了车载传感器的成本，使智能汽车之间形成信息融合，建立“朋友圈”。

万物互联时代，让机器与人类成为朋友

作为物联网技术的典型应用，车联网将为未来智慧城市打开人与路的另类空间。它将“人—车—路”连接起来，通过对收集的海量数据进行分析、处理后，自动做出相应的反馈和行为，可在交通堵塞控制、交通安全控制、交通信息服务等方面发挥重要作用，达到出行的高度智能，而这一切都基于数据传输、分析和反馈的时效性。由此，车联网便成为城市交通路况感知网的采集终端和控制节点。

目前，云计算、物联网、移动互联网、行业信息服务等正在开始成为信息通信技术（ICT）业务发展的重点领域，有效地推动了车联网的形成，即利用先进传感器技术、移动互联技术、智能控制与智能计算技术，对道路进行交通全时空控制，对车辆进行交通全程控制，实行有序进路、有序行驶，并最终实现道路交通的“零堵塞”“零伤亡”“极限通行能力”。

车联网在智慧城市中的应用主要体现在4个方面：交通堵塞控制、交通安全控制、交通信息服务和商业运营服务。例如，以一台汽车为载体，结合4G运营网络，将道路上的汽车行驶实景实时地传输到车里的智能车载电脑终端上，车主上车之后轻轻按动按键，车载电脑的显示屏幕上会出现自动规划好的若干条道路的车辆行驶实景，通过这些实景，可以清晰地看到车主本人前方将要走的路是否拥堵及拥堵情况如何，从而选择最便捷的路线。

随着智能手机的发展，移动互联网颠覆性地改变了人们的生活方式，而车联网也在逐渐改变人们的出行方式，使司乘人员在旅途中更加便捷、安全。可以想象一下，当我们下楼取车时，通过手机打开车内空调，当驾驶员踏入车内时，车辆已经导入了今天的行程，并规划好了用户习惯的驾驶路线；当我们看完电影驱车回家时，车内开始播放起来电影的主题曲，使我们回顾一下快乐的时光；当车辆需要保养时，汽车主动告诉我们目前的车辆情况，并向我们推荐常用和附近的保养地点，我们可以直接在车内预约保养的时间和保养的项目，而此时，

汽车已经将车辆型号、保养记录、目前车况等信息发给了预约好的保养地点。

汽车即将由一种交通工具转变成为一个移动生活办公平台，而车联网则成为平台的信息枢纽。随着未来5G通信技术的应用与自动驾驶功能的实现，车辆将逐渐脱离单纯交通工具的属性，在车内就可以完成远程办公、视频会议等，车辆将彻底融入万物互联的物联网中，成为智慧城市中的重要一环，成为人们生活中不可或缺的成员。

V2X技术，让车联万物成为可能

车用无线通信技术（vehicle to everything，V2X）是将车辆与一切事物相连接的新一代信息通信技术，其中V代表车辆，X代表任何与车交互信息的对象，当前，X主要包含车、人、交通路侧基础设施和网络。V2X交互的信息模式包括车与车之间（vehicle to vehicle，V2V）、车与路之间（vehicle to infrastructure，V2I）、车与人之间（vehicle to pedestrian，V2P）、车与网络之间（vehicle to network，V2N）的交互，如图3-11所示。

图3-11 车联网体系示意

V2V是指通过车载终端进行车辆间的通信。车载终端可以实时获取周围车辆的车速、位置、行车情况等信息，车辆间也可以构成一个互动的平台，实时交换文字、图片和视频等信息。V2V通信主要应用于避免或减少交通事故、车辆监督管理等。V2I是指车载设备与路侧基础设施（如红绿灯、交通摄像头、路侧单元等）进行通信，路侧基础设施也可以获取附近区域车辆的信息并发布各种实时信息。V2I 通信主要应用于实时信息服务、车辆监控管理、不停车收费等。V2P 是指弱势交通群体（包括行人、骑行者等）使用用户设备（如手机、笔记本电脑等）与车载设备进行通信。V2P 通信主要应用于避免或减少交通事故、信息服务等。V2N 是指车载设备通过接入网／核心网与云平台连接，云平台与车辆之间进行数据交互，并对获取的数据进行存储和处理，提供车辆所需要的各类应用服务。V2N 通信主要应用于车辆导航、车辆远程监控、紧急救援、信息娱乐服务等。

因此，V2X 将“人、车、路、云”等交通参与要素有机地联系在一起，不仅可以支撑车辆获得比单车感知更多的信息，促进自动驾驶技术创新和应用，还有利于构建一个智慧的交通体系，促进汽车和交通服务的新模式新业态发展，对提高交通效率、节省资源、减少污染、降低事故发生率、改善交通管理具有重要意义。

目前，世界上用于 V2X 通信的主流技术包括专用短程通信（dedicated short range communication，DSRC）技术和基于蜂窝移动通信系统的 C-V2X（cellular vehicle to everything）技术（包括 LTE-V2X 和 5G NR-V2X）。美国、日本、欧洲等发达国家和地区均积极开展了相关的技术研究和测试验证工作。美国的 V2X 通信研究主要围绕 DSRC 展开。在美国交通部与密歇根大学的支持下，通过 SafetyPilot、MCity 等项目验证了 DSRC 的有效性，并测试智能网联汽车技术。同时，美国积极推动立法，于 2016 年 12 月颁布了关于联邦机动车安全标准中 V2V 通信的 NPRM（notices of proposed rule making），对 V2V 通信设备的工作频段、通信能力、市场渗透等给出了建议。2017 年 6 月，SAE（Society of Automotive Engineers）筹备成立了 C-V2X 工作组，开展增强应用、直通通信等研究。欧洲各国开展了 Drive C2X、C-IT Scorridor、simTD 等项目，对道路安全、交通管理与环境保护等应用进行了测试验证。日本于 2012 年 2 月发布了 700 MHz 频段的 10 MHz 用于车车／车路防碰撞安全应用的规范 ARIBSTD-T109，分别在广岛和东京进行了外场测试，并已开始规模测试。

DSRC 是美国主导的 V2X 通信协议，虽然产业链相关参与方包括许多车厂在 DSRC 系统上做了将近 10 年的研究和测试评估，但其商用进展一直不理想，针对自动驾驶等新应用也没有清晰的技术和标准演进路线。中国亦因缺乏核心知识产权及产业基础，在 DSRC 的技术与应用方面均不具有优势。

C-V2X 中的 C 是指蜂窝（cellular），它是基于 3G/4G/5G 等蜂窝网通信技术演进形成的车用无线通信技术，包含了两种通信接口：一种是车、人、路之间的短距离直接通信接口（PC5）；另一种是终端和基站之间的通信接口（Uu），可实现长距离和更大范围的可靠通信。C-V2X 是基于 3GPP 全球统一标准的通信技术，包含 LTE-V2X 和 5G-V2X，从技术演进角度讲，LTE-V2X 支持向 5G-V2X 平滑演进。

C-V2X 可支持的工作场景既包括有蜂窝网络覆盖的场景，也包括没有蜂窝网络部署的场景。落实到具体的通信技术而言，C-V2X 可提供两种通信接口（图 3-12），分别称为 Uu 接口（蜂窝通信接口）和 PC5 接口（直连通信接口）。当支持 C-V2X 的终端设备（如车载终端、智能手机、路侧单元等）处于蜂窝网络覆盖内时，可在蜂窝网络的控制下使用 Uu 接口；无论是否有网络覆盖，均可以采用 PC5 接口进行 V2X 通信。C-V2X 将 Uu 接口和 PC5 接口相结合，彼此相互支撑，共同用于 V2X 业务传输，形成有效的冗余来保障通信可靠性。

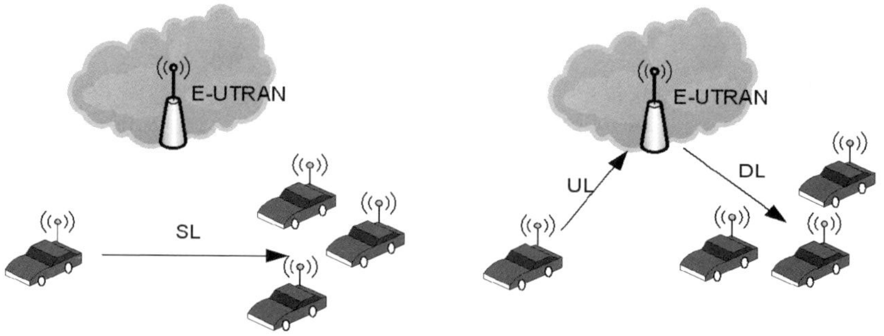

图 3-12　C-V2X 通信示意

(1) PC5 接口关键技术

C-V2X 在 PC5 接口上的机制设计是以 LTED2D 技术为基础，为支持 V2X 消息（特别是车辆之间的消息）广播，交换快速变化的动态信息（如位置、速度、行驶方向等），以及包括车辆编队行驶、传感器共享在内的未来更先进的自动驾驶应用，在多方面进行了增强设计，主要包括物理层结构进行增强，以便支持更高的速度。为了在高频段下支持高达 500 km/h 的相对移动速度，解决高多普勒频率扩展及信道快速时变的问题，C-V2X 对物理层结构进行了增强。

为保证通信性能，C-V2X 的接收机和发射机需要在通信过程中保持相互同步。C-V2X 可支持包括全球卫星导航系统（GNSS）、基站和车辆在内的多种同步源类型，通信终端可通过网络控制或调取预配置信息等方式获得最优同步源，以尽可能实现全网同步。C-V2X 还支持最优同源的动态维护，使得终端可及时选取到优先级更高的同步源进行时钟同步。

作为 C-V2X 的核心关键技术，PC5 接口支持调度式的资源分配方式（Mode-3）和终端自主式的资源分配方式（Mode-4）。此外，C-V2X 还支持集中式和分布式相结合的拥塞控制机制，这种机制可以显著提升高密场景下接入系统的用户数。

(2) Uu 接口关键技术

为了更好地匹配 V2X 的业务特性，C-V2X 在 Uu 空口上主要对以下方面进行了功能增强。

上行传输支持基于业务特性的多路半静态调度，在保证业务传输高可靠性需求的前提下可大幅缩减上行调度时延。下行传输针对 V2X 业务的局部通信特性，支持小范围的广播，支持低延时的单小区点到多点传输（SC-PTM）和多播 / 组播单频网络（MBSFN）。此外，LTE-V2X 支持核心网元本地化部署，并且针对 V2X 业务特性定义了专用服务质量（QoS）参数来保证业务传输性能。

针对具备超低时延超高可靠性传输需求的车联网业务（如自动驾驶、实时高清地图下载等），C-V2X 可以采用多接入边缘计算（MEC）技术。目前，标准组织ETSI和3GPP都将其作为重点项目，针对MEC整体框架、用户面选择、业务分流、移动性和业务连续性及网络能力开放等关键方面进行研究。

聪明的车+智慧的路，让出行更加安全

早在20世纪50年代，通用就在琢磨如何让人们在享受汽车带来的便利时又能“解放双手”，不过，他们想到的“解放双手”的方法却不是自动驾驶汽车，而是通过道路中埋下电缆或磁铁来实现车辆的纵向和横向控制。

经过多次尝试后，1960年，在通用和美国无线电公司的研究团队于新泽西州建的一条“电子化高速公路”测试跑道上，车辆最终成功实现了自动启动、加速，转向与停止，全程没有人工直接参与，这应该是“车路协同”最早的雏形。

让公路来引导汽车行驶，而非汽车自动驾驶，这种想法看似离奇，但在那个计算机既大且重、真空电子管还很脆弱、人工智能尚处于萌芽期、摄像头既大又脆弱、激光雷达和雷达还只限于军事用途、GPS和高精地图尚未出现的年代里，这也是没有选择的选择。

事实上，直到60年后，当汽车智能化及V2X都出现时，“车路协同”才真正开始步入正轨。

从无人驾驶汽车工作原理来讲，车辆必须对大量的不确定性交通因素进行预先策划，车辆需要相对较大的“缓冲区”来处理规划运行轨迹，尤其是当周围有其他移动车辆时。如果这些其他车辆可以互相共享，甚至不断传播自己的行驶路线计划，其他车辆可以使用这些信息来减少不确定性，并尽量减少缓冲区内与它们相关的行驶轨迹。这将会使自动驾驶车辆彼此互联，可以行驶得更紧密，更快速地机动反应和防止碰撞，并因此增加道路和城市的通行能力。

目前，V2V通信设想了4个部署阶段。每个后续阶段延伸前一阶段，允许车辆交换更多的信息，从而能够使新类型的信息作用得以实现。

初始阶段，通过车辆来传播它们的状态信息，从而使其他车辆意识到它们

的存在，检测到它们的最终危险。

第二阶段，感知驾驶阶段，允许各种各样的交通参与者提供额外的信息，即通过各种车载传感器，如摄像头和雷达获得的信息。这可以使车辆“用别人的眼睛去看”，并因此探测其他不同情况下隐藏的对象（如拐角）或得到更准确的视图，并感知即将什么情况会发生在它们的环境中（如与各种车辆和行人交叉的路口）。

第三阶段，合作驾驶阶段，将允许车辆和其他交通参与者分享它们的意图，并为它们提供从其自身车辆看到的一切信息。这些信息将用于优化自动驾驶的算法，使车辆可以准确地预测其他交通参与者将来要做什么，以及它们自己的决定和未来的行驶轨迹。

最终阶段，协同驾驶阶段，是车辆几乎自动通过所有的情况，能够自动交换和同步彼此之间的行驶轨迹，以达到最佳的行驶模式。

下面列出了一些典型的自动驾驶情形。

（1）自动超车

完全自主的自动驾驶汽车将需要执行熟练的超车动作，不仅在高速公路，也可在双向道路（单向车道）实施，双向道路迎面而来的车辆可能远远超出其传感器的探测范围，而且接近速度非常快。安全地执行这种动作将需要多个车道的车辆互相合作，创建必要的间隙，允许超车的车辆快速合并到其对应的车道上，这也就需要结合迎面而来的车辆的行驶时间和轨迹，来避免超车过程中发生碰撞。

（2）避免碰撞的协同合作

这个情形突出通信面临的挑战，当其他交通控制机制都没有的情况下，自动驾驶车辆必须要防止碰撞（如在城市环境中路口没有红绿灯）。两个或更多的车辆之间避免碰撞将通过控制每辆车沿着它路径的纵向速度及车和车之间的位移，不直接涉及其他方向的车辆。在复杂的动态环境中，车辆不能单独决定和实施未经事先协调的行动，必须要评估碰撞的风险。不同个体的行动可能会导致额外的碰撞或不受控制的情况。因此，所有涉及的车辆应承诺协同合作以计算出最优的方式，从而避免碰撞发生，并付之实际行动。

(3) 高密度车队

高密度智能车队在高速公路上建立紧密间隔的多车链，有多种好处，如节省燃料、预防事故等。然而，面对动态路况，需要参与车辆互相合作并形成和维持紧密的队列。高密度车队将会进一步将车距减少到 1 米左右。由于车载传感器不能应对这种短距离刹车（它们互相测量，然后互相对变化做出反应），车队内的车辆会实时地共享其运动状态信息。在保持紧密距离的情况下，将使得车队内的车辆实施相同的油门和刹车控制。

车联网的前世今生

2013 年 6 月，奔驰宣布正在计划推出一套被称为 Car-to-X 的通信系统，该系统可以实现交通工具之间及交通工具和交通设施之间的信号联络。2014 年 9 月，通用官方宣布能够实现半自动驾驶功能、同时拥有 V2X 功能的凯迪拉克车型将于 2017 年问世。2015 年 1 月，奥迪在德国对恩智浦和 Cohda Wireless 的 V2V 通信技术进行了大量现场测试，到 2016 年年底，奥迪成为首个将汽车与城市联网、与交通信号灯系统互联的汽车厂商，这套系统称为“Time-to-Green”。在车辆内的显示屏上，能够实时显示出行驶前方的红绿灯颜色，偏于驾驶员提前做出判断。而在后续的更新中，这项技术才会与车辆的发动机启停系统和导航系统相结合，从而可以实现由车辆控制的动力管理及导航路径优化。2015 年 7 月，宝马宣布成为首家支持 V2I 通信的汽车厂商，用户可以用手机下载一个 APP，该 APP 将帮助驾驶员预测交通信号变化从而提高整车安全，减少不必要的加速从而节约燃料。

丰田的 V2X 技术 2015 年开始在日本量产，目前也已经用在了丰田和雷克萨斯的 3 款车型上，V2V 与 V2I 技术均有：V2V 技术可以在车辆之间广播车辆的位置、速度等信息，并在开启 ACC 功能之后用于优化 ACC 跟车功能，与通用不同的是，信息除了用于提醒驾驶员之外，也会发送到中央处理器，在驾驶员未能及时反应时提供辅助功能；V2I 同样也是获取交通灯信息，在普锐斯上已经实现了自动的动力管理，会根据交通灯的情况来决定是否开启动能回收系统。2016 年 5 月，丰田在美国密歇根 Mcity 无人驾驶示范区投放了 5000 辆联网汽车进行 V2X 测试。随后，丰田在日本销售的最新版本的 Prius、Lexus RX 和 Toyota Crown 已经有 V2X 系统可供选择。2016 年 11 月，号称是“首款具有 V2X 功能并可实现商业化”的 2017 Cadillac CTS 发布。

从前面的应用可以看出，当下 V2X 技术实则与 ADAS 相类似，更多的是被车企作为一项驾驶辅助功能推出，因而这些应用大多是针对一些容易发生危险或者事故的场景来进行设计。从这一点上看，车企在对待 V2X 技术与自动驾驶上态度是十分类似的，从最为简单的应用场景入手，从驾驶辅助开始，让消费者开始熟悉这类技术。未来随着技术的升级，上面的这些限制还是容易突破的，是否普及到全系车型是策略问题，更多的应用场景也有赖于开发与验证的进度。

反过来思考，这类的 V2X 技术更容易实现量产。丰田在日本是有政府在背后的大力支持才能顺利推行，这个支持表现在很多方面：通信频段与标准、通信基础设施的建立及与交通系统的关联。目前，奥迪的这项功能也只在美国内华达州的拉斯维加斯可以实现。

在前面提到，V2X 可以作为自动驾驶技术的一项感知能力而存在，之所以从已经量产的车型上看并没有达到这个效果，就在于 V2X 与驾驶辅助不同，需要量变引起质变。当前，具备 V2X 通信能力的车型太少，安装在道路上的通信基础设施也太少，如果要以 V2X 作为眼睛和耳朵，那么能看到的、能听到的太少了，信息量少，自然不足以作为判断的基础。

而且，从另外一个方面说，以 V2X 作为感知，是与传感器进行互补的，V2X 的通信范围一般能够达到 300 米，远大于传感器的有效作用距离，因而它的作用表现在提前了解更远处的情况，让车辆可以预先做出反应。在部署数量不足的时候，自然还只是作为一个额外的对驾驶员的警示渠道即可。这也是V2X 的量产应用从驾驶辅助入手的原因。

在路线选择上，国内的企业也有类似的理念。国内目前还没有在量产车型上推出的 V2X 技术，不过在众多的智能网联示范区中，或者一些智能交通示范项目中，都有 V2X 技术的应用，上汽通用、长安等也在进行相关的研发。

2010 年，清华大学姚丹亚教授开始进行智能车路协同关键技术的研究，姚丹亚教授表示，在技术上依然还有两个难关需要跨过。

（1）数据融合

V2X 与传感器一样，同样是获取信息的渠道，虽然通信距离相比较于传感器更远，但是两者肯定也有重合的地方，因而 V2X 与传感器之间的数据融合是必需的。最典型的案例就是，在两者的重合区域内，如果出现差异的信息，以谁为准，又或者是作为互相验证的手段。但是现在的问题是，在不同的传感器——摄像头、毫米波雷达与激光雷达——之间融合都还没有完全做好，更别提与 V2X 的融合了。因而，目前这方面还在前期的研发过程中。

（2）精度问题

从已经实用的案例上看，大多数的应用还是以预警为主，即便是涉及自动控制，也多与动力管理相关，相关安全功能的其实很少。其原因在于，通信端的信息目前尚且无法百分之百地保证精确。这个精确度取决于定位的精度与通信的精度。如果要与车辆的执行机构相连，通过自动刹车、减速或者转向等来提升安全性能的话，定位与通信的精度必须要保证。

定位精度取决于定位技术，高精度定位技术当前还没有能够量产应用，而通信精度则取决于无线通信的可靠性与实时性。从可靠性来说，因为当前的V2X 大多工作在高频段进行通信，对于建筑物等遮挡障碍物的绕射能力比较差，因而需要通过重复广播或者冗余机制来辅助解决。

而对车企来说，需要考虑的问题就更多，如何在当前的技术壁垒下来设计V2X 的具体使用场景和应用，就是个问题。单一场景的信息警示，仅仅从当前的使用来看，还是略显鸡肋。

在技术之外，除开通信标准、法规等因素，V2X 也是依赖于基础设施的，包括车载基础设施与道路基础设施。因此，这并非是车企或者供应商能够单独解决的问题，需要政府的推动，就如同电动车的充电基础设施。但与充电基础设施不同的是，在标准化问题解决之前，V2X 技术将会被限制在示范项目中推行，仅仅能够满足小范围的车辆需求，无法真正实现 V2X 的意义。

第四节　智能芯片让智能汽车拥有最强大脑

碳和硅在元素周期表中相近的位置和两者相似的性质，不禁让人思索硅基生命的可能，而硅基生命的概念也最早于 19 世纪就已经提出。虽然人类还没有找到硅基生命的存在，但随着信息技术的爆发，以芯片为基础的电子信息革命正在推动人类进入硅基文明，无人驾驶汽车也将成为硅基文明时代的重要特征，当然所有的这一切都要从智能芯片谈起。

智能芯片，现代工业的“粮食”

芯片又称微电路（microcircuit）、微芯片（microchip）、集成电路（integrated circuit，IC），虽然体积微小，但功能强大，通过获取的信息可做出判断与指令，通常应用于计算机或其他电子设备中，对电子设备的运行具有至关重要的作用。

芯片的工作原理主要是通过在硅片上分别注入磷元素与硼元素，从而形成 N 型半导体与 P 型半导体，再通过注入铝、铜等材料形成导体，从而在几平方毫米的硅片区域内形成成千上万的逻辑门、触发器、多任务器和其他电路，使芯片具有传统电路的计算与分析能力。

芯片按照使用功能可分类为 CPU、GPU、FPGA、ASIC、DSP、NPU、SOC 等。

CPU（central processing unit，中央处理器）：主要包括运算器（ALU）和控制单元（CU），除此之外还包括若干寄存器、高速缓存器和它们之间通信的数据、控制及状态的总线。依循冯诺依曼架构，CPU 需要大量空间放置存储单元和控制逻辑，计算能力只占据很小的部分，更擅长逻辑控制。

GPU（graphics processing unit，图像处理器）：用于将计算机系统所需要的显示信息进行转换驱动，并向显示器提供行扫描信号，控制显示器的正确显示。专为执行复杂的数学和几何计算而设计，这些计算是图形渲染所必需的。其采用数量众多的计算单元和超长的流水线，善于处理图像领域的运算加速。但 GPU 的缺陷也很明显，即无法单独工作，必须由 CPU 进行控制调用。

FPGA（field – programmable gate array，现场可编程门阵列）：是在 PAL、GAL、CPLD 等可编程器件的基础上进一步发展的产物。它作为专用集成电路（ASIC）领域中的一种半定制电路而出现。同一片 FPGA，通过加载不同的编程数据，便可以形成不同功能的电路，此举既解决了定制电路的不足，又克服了原有可编程器件门电路数有限的缺点。也是基于上述原理，FPGA 能完成上至高性能 CPU，下至简单的 74 型电路的任何功能电路的搭建。

ASIC（application specific integrated circuit，特定应用集成电路）：指应特定用户要求和特定电子系统的需要而设计、制造的集成电路。ASIC 的特点是面向特定用户的需求，在批量生产时与通用集成电路相比具有体积更小、功耗更低、可靠性提高、性能提高、保密性增强、成本降低等优点。

DSP（digital signal processing，数字信号处理）：利用数值计算的方式对信号进行加工的理论和技术。它是集成专用计算机的一种芯片，只有一枚硬币大小。

NPU（neural network processing unit，神经网络处理器）：相当于一个专门的 AI 硬件处理单元，主要用来处理海量的 AI 数据。简单来说，由于神经元分布是网状结构，因此，能够实现发散式的信息处理及存储，使得处理与存储的效率大大提高，并有助于机器学习。由于神经网络算法及机器学习需要涉及海量的信息处理，而当下的 CPU / GPU 都无法达到如此高效的处理能力，所以需要有一个独立的处理芯片来做这个工作，NPU 便是这样的一个角色。NPU 的主要功能有两个：一是图像识别，二是用户行为学习。

SoC（system on chip，芯片系统）：由于其内涵丰富、应用范围广，很难给出准确定义。一般来说，SoC 被称为系统级芯片，也被称为片上系统，意指它是一个产品，是一个有专用目标的集成电路，其中包含完整系统并有嵌入软件的全部内容；同时，它又是一种技术，用以实现从确定系统功能开始，到软/硬件划分，并完成设计的整个过程。

芯片诞生记，从一堆沙到一片芯

芯片的材料来源就是日常生活中常见的沙子，但其制作过程却极为复杂，也是世界上最尖端的制造业之一。首先对二氧化硅进行熔炼和反复提纯，以获得纯度达到 99.999 999 999%（11 个 9）的硅锭，经过对高纯硅锭进行切割，形成薄片装，该薄片装的硅片便是芯片中的晶圆（wafer）。

之后，根据芯片的结构与电路设计对晶圆进行光刻与蚀刻。首先在晶圆（或衬底）表面涂上一层光刻胶并烘干，烘干后的晶圆被传送到光刻机里。光线透过一个掩模把掩模上的图形投影在晶圆表面的光刻胶上，实现曝光，激发光化学反应。对曝光后的晶圆进行第 2 次烘烤，即所谓的曝光后烘烤，后烘烤使得光化学反应更充分。最后，把显影液喷洒到晶圆表面的光刻胶上，对曝光图形显影。显影后，掩模上的图形就被存留在了光刻胶上。

对刻蚀后的晶圆进行离子注入，在晶圆中植入磷、硼离子，使晶圆形成相应 P 型半导体与 N 型半导体。这一步骤类似于 PCB 板的制作原理，将晶圆放入化学离子混合液中，从而改变晶圆掺杂区内的导电情况，实现单向导电、通、断等能力。当制作复杂芯片时，需要反复重复光刻、刻蚀与离子注入，以形成复杂芯片结构。

在完成上述步骤后，最后对芯片进行测试、切割和封装，便形成我们日常看到的芯片。

当前，芯片的制造工艺正在向密集度更高发展。芯片中电路制作得越密集，则相同面积的晶圆可制造出更多的芯片，从而会进一步降低芯片的制备成本。

芯片密集度的重要指标便是芯片中电路与电路之间的距离，我们通常看到的 7 nm 芯片、9 nm 芯片便是指芯片中电路与电路之间的距离为 7 nm、9 nm。更先进的制造工艺可以集成更多的晶体管，使处理器有更多的功能与更高的性能，且减小处理器的散热设计功耗（TDP），从而增加处理器效能，解决升频的障碍。

更小、更快、更节能，芯片发展历史

芯片的发展历史要追溯到电子管的出现，因为电子管奠定了逻辑电路的发展基础。1906 年，美国发明家德福雷斯特（De Forest Lee）在二极管的灯丝和板极之间巧妙地加了一个栅板，从而发明了第一只真空三极管；1912 年，电子管的制作工艺逐渐成熟，从而直接引发了无线电技术的发展；1918 年，逐步发现了半导体材料；1920 年，发现半导体材料所具有的光敏特性；1932 年，运用量子学说建立了能带理论研究半导体现象（这也为经典工艺所能达到的集成尺寸极限下了定论——7nm）。

1946 年，威廉 · 肖克利（硅谷创始人）的研发小组成功研发出半导体晶体管，为 IC 大规模发挥热力奠定了基础；同年，莫克利和艾克特发明了第一台电子数字计算机 ENIAC，这台电子计算机应用了 18 000 个电子管，占地达到 170 m^2，重量达 30 吨；1947 年，世界第一款晶体管诞生，此事件标志着人类进入了飞速发展的电子时代。

1956 年，硅台面晶体管问世，其直接为未来集成电路的研发与应用奠定了基础；1960 年，在硅台面晶体管问世后的第 4 年，世界上第一块硅集成电路制造成功；1966 年，美国贝尔实验室使用比较完善的硅外延平面工艺制造成第一块公认的大规模集成电路；1988 年，16M DRAM 问世，其在 1 cm^2 的硅片上集成有 3500 万个晶体管，此举标志着集成电路进入超大规模集成电路的更高阶段；1997 年，Intel 的 300 MHz 奔腾 II 发布，其采用 0.25 μm 工艺，此举震惊了电子行业，也对电子计算机的发展起到了至关重要的推动作用；2009 年，Intel 酷睿 i 系列发布，该芯片采用了 32 nm 制造工艺。

20 世纪 60 年代中期，中国的芯片产业才正式起步，也经历了漫长的发展史。1960 年，中国科学院在北京正式建立了半导体研究所；1976 年，中国科学院计算机研究所成功研制出 1000 万次大型电子计算机所使用的电路（ECL 型电路）；1986 年，原电子工业部提出“七五”期间我国集成电路技术“531”发展战略，即推进 5 μm 技术，开发 3 μm 技术，进行 1 μm 技术科技攻关；1995 年，原电子工业部提出“九五”集成电路发展战略：以市场为导向，以 CAD 为突破口，产学研用相结合，以我为主，开展国际合作，强化投资。

1999 年，硅谷精英邓中翰在国内政府雄厚的资本召唤下，决定回国创业，在中关村创立了中星微电子有限公司（以下简称“中星微”），成为我国首家芯片研发企业。2001 年，中星微对外宣布国内首枚具有自主知识产权的多媒体芯片“星光一号”研制成功。同年，美国摩托罗拉公司原任高级主任工程师、芯片设计经理陈进（后经证实造假，其只是一个高级工程师，负责测试而不是设计）回到中国，任教于上海交通大学，主持汉芯系列 DSP 芯片的研发工作。

2003 年，中国半导体占世界半导体销售额的 9%，电子市场达到 860 亿美元，中国成为世界第二大半导体市场，中国中高技术产品的需求将成为国民经济新的增长动力，如今已经初具规模，形成了产品设计、芯片制造、电路封装共同发展的态势。中星微的多媒体芯片占有全球市场份额的 60%。

2004 年，华为创办了海思半导体，侧重于网络与视屏应用芯片的研发与制造，华为内部大部分人都担心研发“烧钱”没有回报，但掌门人任正非力排众议，要研发智能手机芯片。

2006 年，陈进的“汉芯一号”骗局被揭穿。所谓的“汉芯一号”实为购买的 MOTO-free scale 56800 芯片，通过处理更换为“汉芯”logo。此事震惊了我国整个行业，一时间，“造不如买，买不如租”成为行业的笑话。此后，国产芯片一度无人敢投资，更无人愿意研发。

2009 年，华为发布首款 K3 处理器，试水智能手机，但是由于技术不成熟，导致 K3 没能走向市场化。2012 年，在很多人认为华为坚持不住的时候，其惊人地推出业界体积最小的四核 K3V2 处理器。该款芯片用在了 Mate 1 和 P6 手机上，这是华为第一次把海思芯片用在自己的手机上，但由于落后的 40 nm 制程和 GPU 兼容性问题，导致用户体验不好。

2014 年，华为发布芯片麒麟 910，该芯片首次集成自研的 Balong710 基带。该芯片成为华为第一款能担大任的芯片，开启了华为芯片光明的行业前景。随后，麒麟 920 继续获得了成功，其搭配的荣耀 6 也大火了一把。

2015 年，华为发布了麒麟 950，2016 年发布了麒麟 960，2017 年发布了麒麟 970。据消息透露，2018 年发布的麒麟 980 跑分达到 35 万分，远超同期骁龙 845 的 26 万分，从此，我国的芯片行业才真正站稳了脚跟。

从 ECU 到计算平台，汽车大脑升级之路

芯片在汽车领域的用途非常广泛，可以说，当下的汽车都必须依靠芯片才能运行。从 1968 年大众第一次在汽车上使用电子控制系统来实现发动机电喷系统，到近年来普及的电动汽车中对电池、电机的控制，芯片都起到了至关重要的作用。芯片同时还作用于汽车的变速箱、安全气囊、辅助驾驶系统、电子稳定系统、行人保护、胎压监测等关键系统上。目前，对于全球瞩目的自动驾驶技术，也必须由高性能的芯片来处理外界信息并完成对车辆的控制。因此，对于自动驾驶技术而言，芯片技术显得尤为重要。

目前，汽车芯片全球每年销售额大致是 400 亿美元，其中数字芯片 100 亿

美元，信息娱乐（中控）芯片约25亿美元，MCU约60亿美元，另外，包括辅助驾驶在内的无人驾驶技术芯片约17亿美元。其中，无人驾驶技术芯片应用程度处于快速增长的起步阶段。

芯片在无人驾驶技术中应用广泛。无人驾驶硬件平台是多种技术、多个模块的集成，无人驾驶技术的实现主要基于“感知”“决策”“执行”三大系统间的技术配合与协作，而芯片则在“感知”与“决策”中扮演者智能大脑的核心角色。

在感知系统方面，目前，无人驾驶技术在单车感知方面的传感器一般包括有毫米波雷达、摄像头、毫米波雷达、横摆角等传感装置；在信息交互方面一般包括网联通信、定位与语音交互等装置。由于感知内容与技术方案大不相同，所以在感知平台的功能芯片方面的应用情况与技术方向也各不相同，目前多数基于各自功能采用CPU与GPU结合的方式完成感知功能处理器的设计，从而兼顾图像处理与先进计算的能力。

在决策系统方面，其要求芯片具有强大的运算能力，但目前由于人工智能与智能驾驶的算法尚未定型，所以，GPU作为目前通用主控芯片将继续保持其在主控芯片方面的主流地位。同时，由于FPGA具有一定的可定制能力，未来将在主控芯片领域作为GPU的有效补充。

随着无人驾驶汽车技术的不断成熟与产品化，全球各大芯片巨头也纷纷将目光瞄向了无人驾驶汽车芯片的蓝海市场，推出包含汽车感知、AI决策的汽车芯片，大力布局无人驾驶芯片产业。包括英伟达、英特尔、高通等，都结合企业自身在人工智能领域的独有优势，进军无人驾驶芯片市场，如英伟达依托GPU垄断优势，布局智能座舱，从而布局到自动驾驶芯片产业；英特尔通过兼并收购的方式入行；高通则凭借其在通信方面的优势，以信息娱乐为着眼点，布局车联网。

人工智能的发展也带动了汽车智能化发展，芯片对处理视频、图片等非结构化数据的需求越来越高，同时还需要整合雷达、视频等多源数据，这些都对车载芯片的并行计算效率提出更高要求，据芯片厂商统计，无人驾驶等级每提高一级，计算能力就要增加一个数量级。传统的 CPU、GPU 的专用应用标准芯片已经无法满足越来越多的智能化需求，在能效上也处于劣势。而相对开放的半定制 FPGA 和定制型的 ASIC 芯片也开始迎来了高速发展。

除了芯片算力上的竞争，工具链也成为芯片厂商的竞争焦点。国外企业包括英伟达、英特尔、瑞萨及 Mobileye 等芯片巨头均开始拓展各自芯片的软件工具包，从而增强芯片的落地能力。而国内芯片的领头企业深鉴科技、地平线等在设计芯片的同时也开始将算法、计算架构及工具链进行协同，从而进一步提升自主芯片外围工具的支撑能力。

第五节 人机交互，让智能汽车更懂你

随着互联网、大数据和人工智能等先进技术在交通工具运输领域的应用与发展，汽车的内部空间、人机界面、操作方式和交互过程正在发生革命性的变化。从设计的角度看，汽车从一个运载工具，发展为包含个人空间、公共空间和社交空间的设计对象。在这样的背景下，智能汽车人机交互设计已经成为国内外各大汽车企业及科技公司的关注重点。

人机交互，从“你懂”到“懂你”

人机交互（human-machine interaction，HMI）是指人与机器之间使用某种对话语言，以一定的交互方式，为完成确定任务的人与机器之间的信息交换过程，是一门研究系统与用户之间交互关系的学科，涉及机械工程学、人机工程学、认知学、心理学等学科领域。人机交互界面通常是指用户可见的部分，用户通过人机交互界面与系统交流，并进行操作。

人机交互的发展历史，是从人类通过学习适应机器到机器不断地适应人类

的过程，人机交互的发展降低了人类使用机器的学习时间和难度壁垒。人机交互发展历程主要经历了几个阶段，如图 3–13 所示。

图 3–13　人机交互发展历程

在早期手工作业阶段，人机交互的特点是由设计者本人来操作计算机，没有显示设备，采用手工操作和依赖机器（二进制机器代码）的方法，通过电传打字机完成数据的输入和输出，实现简单的交互，具有很高的专业要求和操作难度。

到了 20 世纪 60 年代至 80 年代，计算机显示设备出现，磁芯存储器和操作系统问世，采用批处理作业语言或交互命令语言的方式与计算机交互，需要记忆命令和熟练使用键盘，可调试程序、了解计算机执行情况，这种采用专用语言的交互具有较高的专业要求。

20 世纪 80 年代后，人机交互的主要特点是桌面隐喻、WIMP 技术、直接操纵和所见即所得。普通用户通过视窗、菜单、图标、按钮可以与计算机交互，菜单选择和图像化的交互方式降低了交互难度壁垒，扩大了用户人群。

20 世纪 90 年代后，以超文本标记语言 HTML 和超文本传输协议 HTTP 为主的网络浏览器是网络用户界面的代表，多媒体、搜索引擎、社交工具新技术高频出现，多元化的交互方式拓展了系统的功能性和实用性。

未来，人机交互将使用多种通道与计算机通信的人机交互方式，适应了“以人为中心”的自然交互准则。使用触觉、语音、手势、面部表情、体感等多种方式实现人与机器的交互，提高了交互效率和便捷性，使得人机交互更加接近人与人直接的交互。

车载人机交互系统，让汽车不再冷冰冰

未来，智能汽车将成为集成大量功能的平台，因此，人机交互对于汽车安全性和操作效率都将起到关键作用。任何汽车都是由人来操作或者使用的，人机交互系统设计的工作效率、安全性、便捷性，甚至是人在操作设备时的心理愉悦感和疲劳感，都直接影响到汽车的使用安全和工作状态，要尽可能发挥人机各自的特点和优势，采用科学有效的交互方式，最大限度地利用机器，同时发挥人的积极作用和智慧，使人机协同工作，形成合理的人机交互系统，人机交互系统演变如图 3–14 所示。另外，随着汽车智能驾驶水平的提高和商业化落地，汽车的场景化趋势更加突出，基于不同场景的人机交互设计将满足用户更多的功能需求。

图 3–14 汽车人机交互系统的演变

目前，大多数汽车企业都推出了人机交互系统，交互方式基本以触摸显示屏、物理按键 / 旋钮、语音控制等方式为主。基于各厂家的不同设计理念，控制方式、操作流程和控制区的设计各有特色，部分厂家支持后台人工远程控制和售后支持等深度服务（表 3–2）。

表 3–2 国内外部分厂家的汽车人机交互系统

人机交互系统	厂家
iDrive 系统	宝马

续表

人机交互系统	厂家
COMAND 系统	奔驰
MMI 系统	奥迪
安吉星系统	通用汽车、上汽集团、上海通用汽车
MyFordTouch 系统	福特
SENSUS 系统	沃尔沃
CARWINGS 系统	日产
G-book 系统	丰田
MMCS 系统	三菱
cf-net 系统	马自达
inkaNet 系统	荣威
DiLink 智能网联系统	比亚迪
D-Partner 车联网系统	中国一汽

目前，国内外汽车人机交互系统的厂家主要有宝马、奔驰、奥迪、通用汽车、上汽集团、上海通用汽车、福特、沃尔沃、日产、丰田、三菱、马自达，以及中国的荣威、比亚迪、一汽等。以宝马的 iDrive 系统为例，这是宝马公司的智能驾驶控制系统，采用了简单、安全和方便的未来驾驶理念。宝马 iDrive 系统的外显装置是一个位于传统轿车排挡杆位置的旋钮控制器和仪表板中部的一个显示屏。旋钮具有类似电脑鼠标的功能，通过推拉、旋转和下按等动作，可以控制显示屏菜单，实现数百个功能的选控。

国产汽车中具有代表性的是荣威 inkaNet 系统，inkaNet 是上汽集团发布的 3G 智能网络行车系统，基于 3G 互联实现了丰富的车载功能，涵盖了导航、收音机、对讲机、电话、网络、音乐、视频等多项内容，采用物理按键和触摸显示屏结合的交互方式。同时，还具备了“一键服务”，能够接通荣威客服中心，进行远程问题沟通。部分企业的人机交互系统如图 3-15 所示。

a　宝马 iDrive 系统

b　奔驰 COMAND 系统

c　奥迪 MMI 系统

d　荣威 inkaNet 系统

e　比亚迪 DiLink 智能网联系统

图 3–15　部分企业的人机交互系统示意

有感情的汽车将成为未来的核心卖点

未来，汽车人机交互系统所承载的价值将有丰富的想象空间。其核心原因其实在于汽车的本质。作为人类出行移动服务的载体，汽车是为人类而生，在整个出行过程中，除了人机交互系统外，没有哪一个车身零部件可以构建一整套的以人为中心的价值链和服务体系。

第一，从人机交互承载的互联网服务来看，如果没有优秀的人机交互体验，用户就会逐渐丧失使用这个入口的兴趣，那么，交互系统上承载的所有网联服务也将成为华丽而昂贵的摆设。尤其是在未来 5G 和 V2X 的时代，用户可以选择的交互载体会越来越丰富，在有限的出行市场中，如何成为首选入口将是核心与关键。

第二，从未来的趋势来看，智能汽车将伴随着“四化”的历史洪流，不可更改地朝着自动驾驶和共享出行两个方向演进。对于自动驾驶车辆而言，用户需要托付生命安全于汽车，必须要充分信任这样的设备和其搭载的算法。人类的本性决定人与人之间的信任构建是基于长期对话的。那么，人机交互系统作为整车智能化的代表和交互界面，是否足够智能，是否能够精准地提供用户需要的服务，理解用户的诉求，其实能够决定用户是否更加愿意使用自动驾驶的功能。

第三，随着共享出行模式的普及，自动驾驶车队不再需要专属的人类司机。如此一来，乘员只需要在车上通过人机交互获得个性化的服务和信息的确认。例如，将存储在云端的个人喜好下发同步到一辆新的共享出行车辆上，即使更换不同车辆，仍然可以享受个性化的服务。

随着自动驾驶辅助和共享汽车服务的提升，未来作为出行运营公司的主机厂，是否能在长远的比赛中保持体力，在很大程度上与人机交互系统的体验戚戚相关。

智能汽车人机交互发展趋势：只为更懂你

智能汽车人机交互将以“人—车—环境”作为整体来设计，同时，场景化驱动汽车设计走向定制化。对于智能网联汽车时代，汽车只是整个交通系统中的一部分，智能汽车的交互设计需要考虑到整个交通系统的顶层设计，不仅要以提高车内驾乘人员的交互效率为目标，还要考虑优化整合交通系统和环境。

未来的人机交互不仅是人与车之间的单一交互，更是人、车辆、基础设施、城市和环境等所构成的跨交通工具的交通系统。汽车的智能化将更多地体现在V2X方面，汽车智能化和环境智能化的互通为汽车带来全新的功能扩展，不仅是对汽车本身智能驾驶、实时环境数据分析、智能导航、能量补给策略等功能的增强，也是对整个城市交通系统的智能化升级，有助于城市交通拥堵的缓解、城市车辆监控和管理、驾驶行为和违章信息统计等。

智能汽车基于自身的智能网联设备与周围场景进行信息和服务的交互，实现多种车载功能的场景落地。智能汽车通过自身或者车内的移动设备连接网络，与周边物理和虚拟环境进行互联，作为一个新的移动终端和周边环境或网络进行信息传递与交互，实现更多的场景功能。例如，新能源智能汽车可以通过车载智能导航寻找周围汽车剩余电量可以到达的充电桩，提供最优的能源补给方案；智能网联汽车还可以通过车载网络进行周边餐馆订餐和目的地酒店订房等服务。

智能汽车对车内外信息进行采集和显示，帮助驾驶员判断汽车当前状态和环境情况。通过环境感知设备、车内设备检测系统、车载移动网络等进行车辆数据、车内外信息交互数据、周围车辆信息等多种数据的获取，经过分析实现重要数据的显示，包括车辆状态信息（汽车行驶信息、汽车设备和系统工作情况、汽车保养维护情况等）、车外环境信息（天气、温度等）、周围其他车辆信息、周边交通信息等。

随着智能汽车逐步实现自动驾驶功能，新的人机交互方式将改变汽车现有的驾驶模式。智能驾驶汽车有人工驾驶、辅助驾驶和无人驾驶不同的模式，包括人与车之间转换，实现任务的接管与移交，紧急情况的任务转移和处理，以及智能驾驶车辆和综合信息管理平台的信息交互。人车协同驾驶将成为智能驾驶汽车的核心交互设计方向，交互方式、交互流程、交互安全和交互效率将成为重点研究的对象。

新材料的研发和电子信息技术的进步催生了新交互模式和交互技术出现。智能网联汽车集成的功能越来越多，人机交互界面的复杂化促使新交互模式的出现，新的交互方式将致力于简化操作、提高功能实现的便利性、提高汽车行驶的安全性。在媒介材料上，其材质、柔韧度、弯曲度等性能实现了多样化实体，通过控制交互传感器的线性度、灵敏度、重复性等条件构建新的交互形式。

(1) 显控一体化交互

对于多功能集成的智能网联汽车，显示控制一体化是一种高效的交互方式。显控一体化可以使驾驶员在信息数据获取的同时操作相应的功能，缩短操作时间，提高驾驶过程中的安全性。显控一体化也可以有多种方式，如显示屏集成于方向盘（图 3–16），显示屏和物理（虚拟）按键及组合，抬头显示和物理（虚拟）按键的组合等，这种人机交互方式可以使驾驶员在驾驶汽车时视线处于汽车行驶方向，或者视线可以在行驶方向和屏幕之间快速切换，根据显示内容迅速完成功能的操作。

图 3–16　显示屏集成于方向盘的人机交互模式

（2）多通道协同交互

基于触觉、听觉、视觉等多通道的人机交互是智能汽车未来的发展趋势。随着各种智能化技术的成熟，可以实现视觉交互、语音交互、手势交互等多种交互形式的融合，根据不同场景实现不同功能的协同交互。嗅觉和味觉交互目前没有成为主流交互方式，也没有在量产车中规模化应用。

多通道人机交互系统将具有场景识别功能。车内人机交互系统可以根据驾驶员当前所处的状态按照优先级实现单通道、多通道的交互，多种方式实现功能。例如，在高速驾驶或者激烈驾驶时可以优先语音交互，以确保驾驶员的视线不离路面，手不离转向盘，保障行车安全。在车内噪声干扰较大时优先按键交互或手势交互，保证操作的成功率，同时也可以多种交互模式同优先级，根据驾驶员的习惯选择。

(3) 基于生物识别和感知技术的人机交互

生物识别与感知技术使汽车具备一些类似生物的感知能力，能够更加人性化地与车内人员进行交互。通过对人体数据的采集，线上数据和线下生物识别的整合，对人的生理和心理状态实时监控，快速实现一些功能。例如，通过身份识别和心理感知技术，对驾驶员状态进行检测，实现汽车人机界面的实时调整，使车内气氛、交互环境与驾驶员当前驾驶状态吻合，这也是未来智能汽车人性化和情感化的表现。生物数据对于智能汽车来说，能够提高汽车与人的交互效率，但由于智能汽车的入网也会存在隐私泄露的风险，后期的数据保存和管理将是一个值得关注的问题。

(4) 基于智能化技术的情感交互

智能情感交互是汽车人机交互的重要趋势和终极体现。随着人工智能技术和生物识别技术的发展，智能汽车将具备类似人的感知功能、思维功能和行为功能，具有情感识别、情感理解和情感表达能力。同时，交互范围也会扩大，能够与车内乘客进行交互及与车外的行人进行交互，更加智能和人性化。例如，车内驾驶员在疲劳时，汽车可以通过振动、声音或者灯光提醒驾驶员，引导去就近停车场休息或者启动自动驾驶模式。在识别出车内乘员晕车时，提醒驾驶员调整驾驶风格或者开启车内通风等功能，实现功能的情感化执行。

第六节　训练让智能汽车成为真正的老司机

人类司机要经过规范的驾校培训和考核才能成为合格的驾驶员，而从一个实习期新手司机到老司机，则要经过多年的道路实际驾驶历练。对于无人驾驶司机的培养也是类似的过程，要经过大量的模拟训练、封闭测试训练、开放道路训练才能够具备真正上路的能力。

数据，人工智能时代的战略资源

深度学习技术的发展让机器拥有了具备自主智能的可能，机器能够根据学习经验来认识未知的世界，实现了人工智能的巨大飞跃。深度学习核心包括训练（training）和推断（inference）两个环节，通过大量数据的喂养，不断提高系统的智能水平，并最终实现正确的推理认知。

与传统计算机程序强烈依赖于算法优化不同，深度学习的性能不仅与算法相关，同时需要海量的数据作为基础。与传统的机器学习相比，深度学习只有能够获得海量的数据才能体现出优势。对于只能提供有限数据量的场景，深度学习则无法达到很好的学习精度。近年来，随着互联网、通信技术的高速发展，数据积累量快速增长，这也是为什么近年来深度学习才得到快速发展的原因之一。也正是基于图像、视频、语音等数据的积累，才推动了深度学习在图像识别、语音识别、文本翻译、人脸识别、智能安防等领域的率先应用。

在图像识别领域，最为知名的数据集便是华裔科学家李飞飞于 2007 年发起的 ImageNet。目前，ImageNet 已经形成上千万张经过筛选标注的图片集，2010—2017 年的图像识别大赛直接推动了人工智能技术的发展。其中 2012 年，深度学习技术首次应用在大赛中，获得 84% 的识别率并以绝对优势夺冠，推动了深度学习技术发展热潮。2015 年，深度学习系统对图像的识别率已经超过 96%，超过了人类的水平。

在语音识别领域，每天大量的人机语音交互为深度学习系统提供了数据资源。依托于数据量的快速积累，基于深度学习的语音识别也不断刷新识别精度。2010 年，使用深度神经网络模型的语音识别相对于传统混合高斯模型识别错误率降低超过 20%，科大讯飞最新的语音识别技术正确率已经达到 98%。目前，所有的商用语音识别算法都基于深度学习，并构成了数据积累与应用的正反馈，应用的推广加速了数据的积累，数据的不断积累进一步推动了系统识别率的提升。

可以说，在人工智能时代，数据已经与硬件、软件一起成为支撑人工智能系统的核心要素，从这个角度来说，数据也已经上升为国家的战略资源。作为人工智能应用的最佳载体，无人驾驶汽车的发展进步同样需要数据的支撑。考虑到无人驾驶面临的复杂场景，其对数据的需求量远超一般行业。目前，国内外也通过仿真测试、封闭场景测试、开放道路测试等多个层面开展无人驾驶系统训练、验证和数据积累工作。

数据集与场景库，无人驾驶的驾校

无人驾驶汽车与其他智能化产品不同，其对系统安全性、可靠性要求极高，并直接影响道路交通安全。因此，无人驾驶系统在上路测试之前，通过在仿真场景内进行训练和验证是非常必要的，国内外也在无人驾驶数据集和场景库的建设上投入大量资源。

无人驾驶数据集带有海量的数据，无人驾驶系统通过基于数据集的训练可以不断提升对交通场景等的识别率，加速技术迭代。支撑无人驾驶的数据集需要具备“4V”的基本特征，即 volume：数据体量大；variety：数据类型众多；value：价值密度低；velocity：处理速度快。考虑到实际道路场景的复杂性，数据集不单要包括各类标准场景和结构化数据，更要注重非结构化和半结构化数据的引入，要充分考虑种类繁多的非标数据，同时，要通过数据复用最大化数据的价值。

目前，针对无人驾驶及各相关技术已经有大量的公开数据集，典型的包括针对自动驾驶系统的 KITTI、RobotCar、AMUSE、BDDV、NuScenes 等；针对目标检测与分类的 HCI、Pascal VOC、Microsoft COCO 等；针对交通场景语义分割的 Cityscapes、ISPRS、SYNTHIA；针对交通标识的 TLR benchmark、BelgiumTSC 等；针对行人检测的 CVC、ETH、TUD 等。以经典的 KITTI 自动驾驶场景计算机视觉算法评测数据集（图 3-17）为例，由德国卡尔斯鲁厄理工学院和丰田美国技术研究院联合发布，在卡尔斯鲁厄的市区、乡村和高速公路等场景共采集 5 天合计 180 Gb 数据并进行标注，用于评定目标检测、目标跟踪、语义分割等计算机视觉技术水平。

图 3–17　KITTI 数据集

作为世界无人驾驶领军企业 Waymo（最初为 Google 的无人驾驶项目，现为 Google 母公司 Alphabet 旗下的子公司），在 2019 年 6 月的 CVPR2019 大会上宣布公开其包含完整传感器信息的、带标注的驾驶数据集，此次共公开了 3000 段驾驶记录，每段约 20 秒，包含多达 2500 万个 3D 边界框和 2200 万个 2D 边界框。虽然公开的总数据大约只有 16 个小时，但考虑到此次数据标注的完备性和场景覆盖的多样性，其对于众多无人驾驶研究机构和创业公司仍具有巨大的价值，在传感器配置、数据集大小上也超过传统的 KITTI 等数据集。

作为中国的无人驾驶领军企业，百度的 Apollo 平台也已经成为世界知名的开放平台。2018 年 3 月，百度 ApolloScape 宣布开放大规模自动驾驶数据集，并号称是世界最大的开源数据集。目前，ApolloScape 提供 100 000+ 张图像，并提供语义标注和深度信息，并覆盖了各种不同类型场景，如图 3–18 所示。

图 3–18 百度 Apollo 数据集

根据美国研究机构兰德公司的研究，无人驾驶汽车上路之前要积累超过 100 亿千米的测试里程。其他研究机构也得到类似的结果，即无人驾驶汽车在上路之前需要上亿千米的测试里程。按照每辆车每天测试 300 千米，每年测试 10 万千米计算，也需要 1000 辆车通过 1 年的时间才能达到 1 亿千米的测试里程。这背后的成本和效率问题显然是无法接受的。

无人驾驶仿真测试相比实际道路测试效率更高且成本更低，并可以全天候进行测试。以 Waymo 为例，2018 年 10 月，Waymo 宣布其旗下的无人驾驶汽车在公共道路的测试里程突破 1000 万英里。而 Waymo 在虚拟场景的测试则突破 70 亿英里，每天测试里程便达到 1000 万英里，而实际道路测试积累这些里程则花了将近 10 年的时间。同时，仿真测试相比道路测试还有一个明显的优势，那就是仿真测试可以对一些实际交通路况中罕见但危险的交通情况进行反复测试，通过仿真场景提供的丰富的动态、静态环境，解决交通场景中的“长尾效应”，提高训练的价值，而这背后则涉及无人驾驶道路场景库的构建。

驾驶场景是指一定时间和空间范围内汽车行驶环境与驾驶行为的综合反映。行驶环境包括静态环境、半动态环境和动态环境，典型的如道路设施、天气环境和道路上的汽车。每一个要素又具体包含几何属性（如大小、形状和位置等）、物理属性（如速度、方向、反射率、物理形态、疏密度等）和图像属性信息（如表面不平度、纹理、材质等），具有无限丰富、极其复杂和强不确定的特点。驾驶行为是在一段时间内的行驶环境中，驾驶任务、出行模式、状态轨迹组成的预期出行和操作信息的组合。

自动驾驶汽车与传统汽车不同，其具有明显的地域属性。传统汽车，即使是针对国外进行研发，在引入中国的过程中也仅需简单的调整即可。而无人驾驶系统需要与车辆使用当地的道路交通环境进行交互，因此，车辆在研发和验证的过程中，必须使用具备中国本地特色的道路场景，适应中国道路交通设施建设标准和各地不同的地理交通环境。目前，我国国家智能网联汽车制造业创新中心等单位也在积极开展场景库的建设工作。

封闭测试场，无人驾驶的驾照考试

无人驾驶仿真测试是快速、经济的测试方式，但考虑到实际交通环境的复杂性，无论计算机仿真的功能多么强大，也无法完全替代真实环境的测试。与传统的汽车测试场更关注于产品质量、性能的检测不同，无人驾驶测试场更加关注于人、车、路、云、网、图之间的交互，重点测试无人驾驶系统的环境感知和交通应变能力，实现对无人驾驶系统进行全面考核。

无人驾驶封闭测试场需要在有限的空间内重现各类道路交通场景，包括道路类型（高速公路、城市道路、农村道路、机非混行道路等）、道路形态（十字路口、丁字路口、S 弯道、立交桥、坡路等）、道路基础设施（红绿灯、限速、禁行标志牌等）、天气环境（日照、雨、雪、雾）、交通流（车辆、非机动车、行人等），以及无人驾驶汽车与其他交通要素的交互等。无人驾驶测试场需要具备场景丰富、测试功能完备、通信能力完善、保密性好、测试数据可靠等特征，同时，需要建设网络云平台，实现测试数据的收集和应用。

欧洲，瑞典 AstaZero 测试场是欧洲最大的无人驾驶测试场。AstaZero 成立于 2014 年，被称为世界上首个致力于地面车辆自动驾驶和主动安全测试的设施，能够“模拟世界任何城市中的几乎任何交通状况”。AstaZero 内部分为多车道公路区域、高速道路区域、城市区域、乡村道路和主试验中心 5 个不同的功能区域，最近，其 5G 测试场也正式启用。欧洲其他的典型测试场还包括英国的 Millbrook、Mira City Circuit，西班牙 IDIADA 等。

美国，2015 年 7 月，自动驾驶封闭测试区 M-City 正式启用，并引发行业内外的广泛关注。测试场位于密歇根州安娜堡市密歇根大学校园内，占地约 13 万 m^2，车道线总长约 8 千米。交通场景方面，包含高速的公路环境和低速的城区与城郊环境。其中，城区环境包含各种类型的道路，提供真实的路面、标线、红绿灯、树木、消防栓、周边建筑物等各种交通场景。截至 2018 年 10 月，由美国交通部、地方政府和组织支持的智能网联汽车测试部署项目，已运行的有 52 个，筹建中的有 23 个。

亚洲，日本汽车研究所（JARI）推动的 J-Town 测试场和韩国的 K-City 也是典型的无人驾驶测试场。日本的 J-Town 于 2017 年 4 月开放，涵盖 V2X 测试区、多功能测试区和特殊环境测试区 3 个部分，可以在 16 万 m^2 的范围内模拟雨、雾、晴天等多种天气环境。2016 年，韩国宣布建设约 36 万 m^2 的自动驾驶测试场地（K-City），并宣布于 2018 年 12 月建成。K-City 包括高速公路、市区道路、郊区街道、停车场和公共设施 5 类场景，配备 40 个建筑立面、十字路口、一个交通圈、一座桥梁、一条隧道、碎石路，以及大量的场景及障碍，还包括交叉路口、交通标志和信号灯、人行道、长椅、模拟建筑、街灯及建筑等交通场景元素。

无人驾驶汽车作为带动人工智能、5G 通信、云计算等先进技术协同发展的最佳抓手，其发展受到国家和各地的大力重视。各地积极推进无人驾驶汽车封闭测试区建设工作，仅在工业和信息化部支持下，东北地区、华北地区、华东地区、东南地区和中西部地区就已经形成 10 个国家级测试示范区。在测试场景方面，2018 年 4 月，工业和信息化部、公安部、交通运输部联合发布《智能网联汽车道路测试管理规范（试行）》，规定 14 项自动驾驶功能检测项目。2018

年 8 月，中国智能网联汽车产业创新联盟、全国汽车标准化技术委员会智能网联汽车分技术委员会发布《智能网联汽车自动驾驶功能测试规程》，针对 14 个检测项目，丰富了 34 个具体场景。

开放道路测试，无人驾驶的实习期

经过封闭测试场的验证，无人驾驶汽车的可靠性得到进一步验证，但其距离真正的上路运营还有距离，并没有经过实际道路上各种复杂交通情况的考验。因此，在实际应用前，无人驾驶系统还要经过在开放道路上的测试，完成上路前的最后一考。

目前，美国自动驾驶测试车辆总数已超过 1400 辆，其中加州是世界无人驾驶开放道路测试的圣地，截至 2019 年 6 月，共有 61 家公司拥有加州无人驾驶测试牌照。每年加州公布的无人驾驶脱离（脱离是指无人驾驶系统在测试中出现人工介入的情况）报告也成为世界无人驾驶评价的风向标。根据加州机动车辆管理局最新数据，2018 年，Waymo 共开展超过 120 万英里的测试，通用汽车测试里程超过 40 万英里，而排名第三的苹果仅为不足 8 万千米。中国的 AutoX、百度、小马智行、文远知行等企业则各自完成 2 万千米左右的测试里程。

根据脱离报告，Waymo 每 11 017 英里才需要人工介入一次，排名第二的通用汽车大约每 5200 英里需要人工介入一次。纵向来看，Waymo 经过多年来仿真和实际道路的训练验证，每 1000 英里的接管数已经从 2015 年的 0.64 次下降至 2018 年的 0.09 次，充分证明测试训练对无人驾驶系统可靠性提升的巨大作用。

特斯拉在道路测试方面则做出完全不同的创新性尝试，与 Google、百度等科技公司不同，庞大的车队通过网络为特斯拉源源不断地上传训练数据。2018 年 5 月，实际通过 Autopilot 功能行驶里程数接近 3 亿英里（约 4.8 亿千米）。同时，特斯拉创造性地提出影子模式（shadow-mode），最新版的 Autopilot 即使在驾驶人不启用的情况下也会在后台离线运行，不干预车辆控制，但会从场景和人类驾驶员的操作中不断学习进化。考虑到目前特斯拉总销量已经超过50万辆，按照每辆车每天行驶30千米计算，特斯拉每天可以收集1500千米的数据，并用于无人驾驶系统的训练。

作为国内科技产业战略高地，北京市聚集了众多的无人驾驶科技公司，在开放道路测试方面也走在全国的前列，2017年12月颁布道路测试规程，2018年3月颁发首个无人驾驶测试牌照。截至2018年12月，累计颁发测试牌照54个，累计测试里程超过15万千米。

随着无人驾驶得到越来越多的重视，国内多个省市也发布自动驾驶道路测试管理办法，截至2019年6月底，北京、长沙、广州、重庆、上海、杭州等超过20个城市规划无人驾驶测试道路，合计颁发测试牌照接近200张。在各地区的积极推动下，相信我国无人驾驶行业也将取得快速发展。

最后，需要补充的是，即便经过了实际道路测试，考虑到汽车涉及的道路交通安全问题，我们对于无人驾驶的实际应用依然要保持理性谨慎的态度，要根据技术发展的客观水平，分场景、分阶段逐步落地应用，从园区、码头、矿山、机场等场景入手，在实际应用中不断积累数据，推动无人驾驶汽车的训练提升，并为最终实现完全无人驾驶奠定基础。

第四章 ◉ ◉ ◦ •

智能汽车：互联网与车企谁执牛耳

第一节 传统汽车产业的反击——通用汽车

通用汽车诞生于1908年，历经百年风雨后于2009年破产重组，而后在美国财政部的资助支持下，新通用汽车公司重组后轻装上阵。重获新生的通用汽车恰逢汽车智能化、网联化、共享化的浪潮，通用汽车也通过技术研发、战略投资、收购等方式快速补齐在自动驾驶方面的短板，并已经形成Super Cruise^{TM}辅助驾驶与Cruise Automation自动驾驶齐头并进的局面。通用汽车也用自己的行动证明，自动驾驶不仅是科技公司的地盘，传统汽车企业在自动驾驶时代依然扮演重要的角色。面对ICT等新进者的挑战，通用汽车吹响了汽车产业反击的号角。

百年通用沉浮录

1908年，世界汽车产业发生了两件大事：第一件大事是福特推出了T型车，首次实现了汽车的流水线式生产，大大提升生产效率的同时降低了成本，并加速了汽车进入家庭；第二件大事就是威廉 · C. 杜兰特成立通用汽车，由此揭开百年通用波澜壮阔的发展篇章。

杜兰特在成立通用汽车的第二天就收购了别克汽车，并迅速收购包括奥斯莫比、凯迪拉克、奥克兰、麦克劳林、Reliance 卡车等企业。到 1910 年，通用汽车形成了由 11 家汽车公司及十余家汽车零部件公司构成的联合体。但快速的收购过程产生了沉重的债务问题并导致了杜兰特的离开。离开通用汽车后，杜兰特创立雪佛兰公司，并通过股票回购方式于 1916 年重回通用汽车。同年，经过整合各控股公司后，杜兰特重新注册通用汽车，至此真正意义上的通用汽车正式成立，并形成雪佛兰、奥克兰（庞迪亚克）、奥斯莫比、别克和凯迪拉克五大品牌。

1920 年，杜兰特再次离开通用汽车。1921 年经济危机期间，通用汽车市场占有率仅为 12%，远低于福特汽车的 56%。面对企业危机，传奇总裁艾尔弗雷德·P. 斯隆于 1923 年走马上任。在任期间，斯隆首创了每年更新车型的营销方式，并将旗下五大品牌进行差异化定位，每个品牌都有其独特的外形和技术特点，为消费者提供不同定位的产品。在产品差异化的同时，又通过共用零部件带来的规模效应降低成本，加之斯隆对全球体系卓有成效的管理，通用汽车彻底实现腾飞。1927 年，通用汽车市场占有率达到 45%，达到福特汽车的 3 倍，1931—2007 年，通用汽车连续 77 年领跑全球汽车销售。1955 年，通用汽车成为美国历史上第一家纳税超过 10 亿美元的公司，在那个时代，通用汽车之于美国就如同今日三星之于韩国。图 4-1 的凯迪拉克就是那个辉煌时代的缔造者之一。

图 4-1　20 世纪 50 年代的凯迪拉克

20 世纪 50 年代末是通用汽车发展的转折点，通用汽车的品牌不再清晰，消费者也为之困惑。此时，以大众甲壳虫为代表的紧凑型汽车开始进入美国市场，虽然主要定位于中大型汽车的通用汽车成功地化解了 60 年代紧凑型车入侵的危机，但却为后面更大的危机埋下隐患。

20 世纪 70 年代，两次石油危机的爆发给以通用汽车为代表的美国汽车业以重创，石油危机导致企业成本大幅上升，同时，消费者也将需求转向更加节油的紧凑型汽车。面对石油价格暴涨，通用汽车管理层错误地估计了形势，认为消费者购买紧凑型汽车只是暂时的，这也给了日本汽车进入美国市场的巨大机遇。而后 20 世纪 80 年代的改革也未能给通用汽车带来复兴。

进入 21 世纪，通用汽车依旧没能复苏，在美国的市场占有率也下滑到不足 30%。从 2005 年开始，通用汽车几乎不再有盈利，企业养老负担和巨额债务进一步将通用汽车推向深渊，2008 年的世界经济危机则成为压垮通用汽车的最后一根稻草。2009 年 6 月，通用汽车根据破产法案第 11 章提交破产申请，百年历史的通用汽车也就此暂别汽车历史舞台。

收购 Cruise，抗衡 Waymo

申请破产后，在美国财政部的担保救助下，通用汽车开展自救，出售悍马、土星、萨博等品牌，但保留了雪佛兰、凯迪拉克、别克、GMC 等品牌。2010 年 11 月，新通用汽车上市，并于当年恢复盈利。通用汽车在 2011 年销量达到 903 万辆，超过大众和丰田，重新夺回全球最大汽车制造商的地位。重获新生的通用汽车，恰逢汽车智能化、网联化、共享化的浪潮，通用汽车也宣布将“全面发展电气化、智能网联、自动驾驶和车辆共享，打造‘零事故、零排放、零拥堵’的未来个人出行”。近年来，通过积极布局，通用汽车已经成为智能驾驶行业的领军者。

2014 年 9 月，在底特律举行的智能交通系统世界大会上，通用汽车公司宣布将在2017款车型中引入辅助驾驶功能——Super Cruise™系统，并实现在高速公路场景上的自动驾驶。不过，该系统需要高精度地图的支持，为了更好地把控高精度地图基础数据，通用汽车于2017年9月投资美国Ushr高精度地图公司，并由Ushr完成美国21万千米高速公路地图的测绘。目前，该系统也已经成功进入中国，并由高德地图提供相关高精度地图数据。根据通用汽车的规划，从2020年起，Super Cruise™系统将逐渐应用于凯迪拉克全系车型。

在车辆网联化方面，通用汽车早在1996年就率先推出了车载信息服务OnStar，并积极布局车联网技术，至今已经拥有超过20年的经验。2017年，通用汽车将车车通信（V2V）技术引入凯迪拉克CTS豪华轿车，并宣布将于2023年将V2X技术率先应用于一款凯迪拉克的跨界车型。V2X技术可以实现在数百米范围内提前预知道路交通情况、红绿灯状态，进一步提升驾驶安全和舒适性。

现阶段，受限于技术成熟度，在量产产品上适合优先采用辅助驾驶，但通用汽车的野心早已经关注到未来的完全无人驾驶。2016年3月，通用汽车因以10亿美元的价格收购只有几十个人的自动驾驶初创公司Cruise Automation而轰动汽车界，未来也计划将无人驾驶汽车（图4–2）首先应用在共享出行服务领域，而为了让Cruise Automation快速成长，通用汽车也可谓操碎了心。

图4–2 Cruise无人驾驶汽车

作为自动驾驶重要的传感器，激光雷达的性能和成本甚至在一定程度上决定了无人驾驶的发展。为了快速弥补激光雷达方面的短板，2017 年 10 月，通用汽车收购了固态激光雷达公司 Strobe，让 Cruise 自动驾驶汽车可以更好地感知世界，加速无人驾驶研发速度。

有了强大的传感器和人工智能，无人驾驶还需要一个优异的车辆平台，而造车这个事正是传统车厂最深的“护城河”，也是 Google 难以攻克的碉堡。通用汽车以 Bolt EV 纯电动汽车为基础，打造自动驾驶汽车。全新设计的无人驾驶版 Bolt EV 将取消方向盘和踏板，颠覆车辆形态（图 4–3）。而为了让全新的 Bolt 能够上路运营，通用汽车也专门向美国提出 16 项豁免申请，其中包含在没有方向盘和踏板的情况下，允许路面上合法地进行无人驾驶汽车的测试等。

图 4–3　没有方向盘和踏板的通用汽车无人驾驶 Bolt

作为无人驾驶的基础平台，高精度地图也是通用汽车积极发力的重要方向。2019 年年初，日本 DMP 平台公司宣布收购通用旗下的 Ushr 高精度地图公司。此次收购也将成为通用与日本在自动驾驶领域合作的切入口，未来有望为 Cruise 进军海外市场打下基础。

无人驾驶作为全新技术，需要大量的道路测试进行技术验证和迭代。在加州道路测试方面，通用汽车形成 194 辆规模的无人驾驶测试车队，排名第二的 Waymo 车队数量仅为 111 辆。测试成绩方面，2018 年，通用汽车路测历程达到 44.7 万千米，平均每 5205 英里的测试才需要人工介入一次，均远超第 3 名，并对领头羊 Waymo 形成巨大压力。

有了零部件、整车，并经过测试验证，通用汽车就具备了开展无人驾驶的基础条件。但在从汽车制造商向出行服务商转型的路上，运营经验也是必不可少的。2016 年 1 月，通用汽车向美国打车平台公司 Lyft 投资 5 亿美元，布局共享出行服务。而在集团内部，通用汽车也以 Cruise 无人驾驶汽车开展针对员工的用车服务项目——Cruise Anywhere，这也都将成为通用汽车开展无人驾驶出租车服务的重要经验。

无人驾驶作为高技术门槛与高资金门槛的行业，通用汽车单独研发既要承担巨大风险，也会给集团运营带来较大负担，不断扩大 Cruise 的朋友圈已经成为必然的选择。2016 年，通用汽车收购 Cruise 时市值为 10 亿美元，经过 3 年的发展，Cruise 估值已经达到 190 亿美元，而通用汽车的市值也“仅为”不到 600 亿美元。Cruise 近一年吸进 72.5 亿美元，日本软银基金和本田都给出了超过 20 亿美元的投资，这让通用汽车在对抗 Waymo 的路上更有底气。

经历了一次破产重组后，通用汽车在自我革命上明显更为积极，那个老旧的、保守的汽车厂商已经不再存在，取而代之的则是拥抱科技、积极变革的通用汽车。随着无人驾驶大幕徐徐拉开，通用汽车也已经吹响反击的号角。

第二节 汽车产业的“颠覆者”——特斯拉

作为新能源汽车、无人驾驶汽车的先驱，特斯拉已经走过了 16 个年头，但围绕特斯拉的争议从未停止，而特斯拉本身也一直是同时融合了天使与魔鬼的矛盾体。一方面，它曾超越通用成为市值最高的汽车公司；另一方面，彼时它的年产量不足通用一周的产量。它曾多次宣称量产无人驾驶，却又因事故频出而备受打击。很难用一个标准的模板去定义特斯拉，但在这个科技变革的时代，特斯拉有一点从未改变，就是它要改变汽车产业的决心和信心，而这些改变之中最为颠覆性的就是特斯拉的无人驾驶。

科技狂人马斯克

有着钢铁侠之称的埃隆·马斯克简直无所不能，其涉猎范围之广泛在企业家中无人能出其右。出版软件、在线支付、无人驾驶、超级高铁、地下隧道、航天技术、太阳能、脑机接口，马斯克的背后是一连串令人咋舌的辉煌成就。一边是俨然如高科技代言人的马斯克，另一边是作为高新技术集成应用最佳载体的汽车，两者的结合也碰撞出无数火花。

2003 年，马丁·艾伯哈德和马克·塔彭宁创立特斯拉汽车，2004 年，马斯克在 A 轮融资阶段投资特斯拉并逐渐成为核心领导。2008 年，特斯拉推出首个纯电动超级跑车 Tesla Roadster 并取得不错的成绩，之后又陆续发布电动轿车 Model S、Model 3，SUV 车型 Model X、Model Y 及电动卡车 Semi 等车型。2014 年起开始提供辅助驾驶系统 Autopilot，开启了特斯拉自动驾驶之路。

而马斯克的疯狂从他为特斯拉造“芯”的过程就可见一斑。特斯拉最早的辅助驾驶芯片来源于 Mobileye 的 EyeQ3，但由于 Autopilot 系统连续的交通事故，马斯克与当时世界 ADAS 巨头 Mobileye 分手，而改用 NVIDIA 的系统，不过 NVIDIA 的芯片也依旧不能让狂人满意。既然世界上没有满意的芯片，那就自己造一个，马斯克继续他疯狂的一面。拉上 AMD 联合开发自动驾驶 AI 芯片，又聘请 K8/Zen 架构之父 Jim Keller 执掌造芯工作，2019 年，特斯拉推出全球最强无人驾驶芯片——FSD（Full Self-Driving Computer），其 144TOPS 的算力达到目前主流的 NVIDIA Xavier（30TOPS）的近 5 倍之多。

“SEXY”的特斯拉

回看特斯拉十几年的发展历史，各阶段的定位和战略十分清晰，虽然一路坎坷，但不可否认的是，特斯拉成功的背后也有一定的必然性。

时间回到2004年，彼时没有多少人看好电动汽车，特别是电池技术，无论是充电还是续航，都是萦绕在电动汽车头上挥之不去的阴云。因此，特斯拉的首要任务是解决技术问题，做出一台让人信任的高性能电动汽车。为此，马斯克入主特斯拉后便聘请锂电池专家施特劳贝尔全面把握特斯拉汽车研发，弥补电动汽车的各类缺陷，让电动汽车能够与燃油车同台竞技。

解决了技术问题，特斯拉还要面临产品化难题。百年汽车工业已经将规模优势发挥到极致，与年产百万台计算的传统车企相比，特斯拉在成本上毫无优势，加之早期研发成本的巨大负担，特斯拉无法直接推出面向主流市场的电动汽车。面对难题，特斯拉已经完成了“三步走”的产品规划。从小批量、超高性能与体验的顶级跑车入手，同时也让社会了解电动汽车；而后通过资本、技术积累，转入中高端车型；再面向中端消费市场推出大规模量产的电动汽车，实现规模化。

2008年上市的Roadster将电动机高扭矩快速启动的优势发挥到极致，2008—2012年，Roadster销量超过2000辆，不仅为特斯拉带回数亿美元，也为世界带来电动汽车时代。

2012年，特斯拉Model S接班Roadster，同时发布SUV车型Model X，这个阶段的特斯拉虽然价格仍然较高，但终究从超跑进入了量产车时代。而其17英寸大屏和鹰翼门设计，更是将特斯拉的科技感表现得淋漓

图4-4　鹰翼门设计的特斯拉

尽致（图 4–4）。

2016 年，特斯拉发布低价版 Model 3，之后又于 2019 年 3 月发布 Model Y，将电动汽车推向中等收入阶层，刺激全球电动汽车产业的跃进。至此，特斯拉已经凑齐 SEXY 系列（由于 E 系列被抢注，Model E 更名为 Model 3）。同时，还有电动半挂卡车 Semi 和新一代 Roadster 发布。

未来，特斯拉会不会发布更加低价的入门级电动汽车？目前来看应该不会，也与特斯拉整体的品牌定位和科技感不符，不过也说不定马斯克会在特斯拉下面设立低端定位的子品牌，杀入入门级电动汽车市场。

上天容易而落地难的特斯拉

作为造车的门外汉，早期的特斯拉在生产、研发上也获得传统汽车界的帮助。戴姆勒当年持有特斯拉 10% 的股份，而 Model S 上也有众多零部件是与奔驰通用的，同时，据称 Model S 的底盘调校也获得了戴姆勒的技术支持。同时，特斯拉的北美生产中心也是由接手了新联合汽车制造公司的旧厂区改造而成。

但当特斯拉进入 Model 3 的时代，开始与传统车企正面竞争的时候，特斯拉就要独自面对规模化生产的种种难题。2018 年 2 月 7 日凌晨，马斯克的 SpaceX 公司的人类现役运力最强火箭——重型猎鹰首飞成功，而当时的唯一载荷则是特斯拉 Roadster 跑车，这辆飞向太空的 Roadster 也有望在宇宙中完成长达 10 亿年的“无人驾驶”广告秀（图 4–5）。但回到地球上，马斯克和他的特斯拉却在为了产能地狱问题而焦头烂额。

图 4–5　登上太空的特斯拉 Roadster 电动超跑

马斯克最初计划在2017年生产20万辆Model 3（图4–6），但他显然低估了生产的难度，也高估了自动化生产线的能力。2017年，特斯拉仅生产2700辆Model 3，周产量5000台的目标遥不可及。2018年4月起，马斯克睡在工厂，颇有不成功则成仁的壮烈，终于在2018年第2季度的最后一周实现5000台产量。到2018年第4季度，特斯拉单季度交付63 150台Model 3。

图4–6 被寄予厚望的Model 3

成功迈过产能地狱与交付地狱这道坎的特斯拉，终于越来越像一个汽车公司，但成为汽车公司从来不是特斯拉的梦想，解决产能问题之后，特斯拉又继续琢磨起无人驾驶和无人驾驶出租车（RoboTaxi）的问题来。

到底被高估还是低估的Autopilot

马斯克在2013年第一次提到自动驾驶Autopilot系统，2014年特斯拉与Mobileye合作，为Model S和Model X提供Autopilot驾驶功能。在与Mobileye停止合作后，特斯拉于2016年发布基于NVIDIA PX2平台的第二代强化Autopilot硬件系统。不过，在Autopilot系统多次事故后，特斯拉又将自动驾驶的宣传撤下，改为“自动辅助驾驶”。特斯拉的完全自动驾驶系统多次跳票之后，在2019年发布FSD芯片的同时，宣布将于2020年实现完全无人驾驶。

语不惊人死不休的马斯克又在2019年宣称使用高精度地图和激光雷达的方案是愚蠢的，与主流的自动驾驶方案针锋相对。参考人类的驾驶行为，由于大脑强大的感知、认知、预测能力，确实只需要视觉就可以完成驾驶；但对于自动驾驶系统，受限于芯片和算法，通过传感器和地图的安全冗余可以更好地提高安全性。不过考虑到特斯拉有了自己的FSD芯片，也确实有可能走出一条芯片+摄像头+毫米波雷达的自动驾驶路径。

当前，对于特斯拉的自动驾驶系统有两种完全不同的声音。看低的一方认为，特斯拉的Autopilot仅限于辅助驾驶能力，与通用汽车Super Cruise、奔驰的Drive Pilot等系统在功能上没有什么区别，而夸大的宣传反而给人以错觉，并导致多起致死交通事故的出现。看高的一方则认为，特斯拉独特的影子模式，以及多达50万台并且仍在快速增长的道路测试车辆为其无人驾驶系统供应源源不断的数据，通过上亿千米真实道路数据的训练，特斯拉的无人驾驶技术迭代速度将会远超一众自动驾驶公司。数据资源的优势，将会让特斯拉脱颖而出。

无论高估还是低估，从安全数据来看，特斯拉确实起到了不错的效果。根据特斯拉最新的安全报告数据，2019年第2季度，在Autopilot系统激活条件下，特斯拉平均每327万千米发生一起事故，在Autopilot未激活但主动安全激活的条件下，平均每219万千米发生一起事故，而根据美国国家公路交通安全管理局（NHTSA）统计数据，美国平均每49.8万千米发生一起事故。从交通安全分析，特斯拉看起来是个不错的选择。

马斯克还要颠覆什么

马斯克给汽车产业带来的变化是全方位、颠覆式的。多年的4S店营销模式彻底改变，汽车开始像手机一样支持OTA升级，马斯克让外界认识到，原来汽车产业的规模不都是金科玉律，并带动一众新能源造车新势力杀入汽车产业。而在技术方面，2014年特斯拉宣布将自己所有的200余项有关电动汽车电池、电子装置和控制软件方面的相关专利一律对外开放，鼓励车厂利用这些技术开发长距离续航的电动汽车。看似不可思议的背后，则是马斯克希望推动电动汽车快速普及和认可的初衷。2019 年，丰田汽车也照本宣科无偿开放 2.3 万项混合动力车（HV）等电动车相关专利，大概也是类似的想法。

未来马斯克还要颠覆什么，也许可以从 2019 年的发布会看出端倪。马斯克宣布 2020 年开放 RoboTaxi，并将采用没有方向盘和踏板的 Model 3 作为运营车辆，提供自动驾驶出行服务。为了尽快扩大车队规模，马斯克还提出 Network 计划，特斯拉的车主可以将自己的车辆用于无人驾驶共享运营，而且还非常诱惑地测算一年预计毛利 30 000 美元，而一辆自动驾驶 Model 3 的价格也不过大约 38 000 美元。这么看来，特斯拉也已经开始了从汽车制造商到出行服务商的转型之路。没有人知道未来马斯克还会颠覆什么，但他一定会持续地疯狂下去。

第三节 秘密的跨界造车者——苹果

作为智能手机行业的领军者，苹果也意在电视、电脑、手机的“三屏”之后，打造全新的路上第四屏——自动驾驶汽车。现在，苹果的无人驾驶计划已经成为公开的秘密，库克也公开提及苹果对无人驾驶系统的兴趣，而最近收购 Drive.ai，更是让苹果的造车计划跃然纸上。考虑到 iPhone 令人称赞的用户体验，也难怪大家都对“iCar”无比期待。

溪云初起日沉阁

苹果对汽车的兴趣甚至可以追溯到 iPhone 之前，高管们也讨论了苹果造车的可能性，乔布斯甚至曾经与轻量车制造商 V-Vehicle 会面，但权衡再三之后，还是将重点放到了 iPhone。随着 iPhone 的巨大成功，苹果又开始不断探索造车的可能性。

2015年2月，一辆租给苹果的神秘面包车（图4–7）出现在北加州的街道上。这辆车上安装了一台带有多个摄像头的摄像机装置，多数人猜测苹果用它来开发街景产品，但也有人猜测这是无人驾驶测试。虽然后来被证实这辆车与无人驾驶无关，但该项目无疑是苹果介入汽车行业的催化剂。

图4–7　在湾区行驶的神秘面包车

在上述提到的面包车被发现后的几天，有苹果员工给Business Insider（美国颇具影响力的商业新闻网站）发送邮件，暗示苹果正在开展一项将让特斯拉感受到巨大压力的项目。该消息人士称，特斯拉的员工正在跳槽到苹果的一个项目，这个项目“太令人兴奋，无法放弃”。上述报道后，多家媒体深入研究苹果的计划。2015年2月中旬，英国《金融时报》获悉，苹果正在招聘汽车技术和车辆设计专家，以便在“绝密研究实验室”工作。这篇文章突出了苹果聘请梅赛德斯－奔驰前研发部门高管Johann Jungwirth，并指出苹果在汽车产品上的努力。英国《金融时报》和其他媒体消息人士最初猜测，苹果可能正在开发一种基于CarPlay的高级软件平台，因为汽车制造项目听起来令人难以置信。

千呼万唤始出来

在英国《金融时报》报道仅几个小时后，《华尔街日报》发布一条重磅消息。该报道称，苹果于 2014 年就开始着手研发电动汽车。根据《华尔街日报》的消息，苹果投入数百名员工开发代号为“泰坦”（Titan）的小型厢式车，苹果产品设计副总裁史蒂夫 · 扎德斯基（Steve Zadesky）领导该项目，库克计划招募 1000 人的团队负责汽车的研发。苹果的汽车团队开展大量研发工作，包括静音电动门、无方向盘和踏板内饰设计、AR 显示、改进的激光雷达等。但由于该项目定位不清，甚至对汽车是无人驾驶还是半自动驾驶这种关键问题都不明确，导致了“泰坦”项目的延误。

2016 年 1 月，史蒂夫·扎德斯基宣布退出“泰坦”计划，项目负责人一直空缺，直到 2016 年 7 月，已经于 2012 年退休的苹果前高级副总裁鲍勃·曼斯菲尔德（Bob Mansfield）重新领导电动车团队。曼斯菲尔德在 2016 年夏天开始负责该项目之后，据称苹果的汽车战略转向自动驾驶。

2016 年 8—9 月，苹果对汽车项目进行调整，解雇了数十名在项目“重启”后正在进行该项目的员工。在战略调整之后，苹果开始重点关注自动驾驶汽车的“基础技术”，而不是真正制造汽车。虽然先前的传闻称苹果仍在开发汽车并继续寻求合作伙伴，但后来的信息显示，汽车制造项目已经暂停。

犹抱琵琶半遮面

2017 年年初，苹果获得加州无人驾驶路测牌照，并开始道路测试，其改装的雷克萨斯 SUV 也已经被发现路测。同时，苹果也在亚利桑那租下测试场，测试无人驾驶汽车（图 4–8）。

2017 年 6 月，库克公开谈论苹果在自动驾驶领域的工作，非常难得地坦诚了相关工作，并表示“我们专注于无人驾驶系统，这是我们认为非常重要的核心技术，我们将其视为所有 AI 项目的源头，它可能是最难实现的人工智能项目之一。”

图 4-8 苹果无人驾驶测试车

2018 年 1 月，苹果在加州的无人驾驶测试车从 3 辆增加到 27 辆，5 月增加到 55 辆，2019 年年初则已经达到 72 辆。苹果无人驾驶测试车队规模仅小于通用汽车和 Google，排名第三。2018 年 8 月 24 日下午，正在测试中的苹果无人驾驶汽车被一辆人类驾驶的日产 Leaf 追尾，不过该事故责任不在苹果。

目前，苹果还在与大众汽车合作，将大众 T6 进行无人驾驶改造，作为员工在苹果位于硅谷的办公室之间的无人驾驶班车。虽然苹果的研究重心已经转移到自动驾驶系统而不是造车，但 2018 年 8 月，苹果重新雇用特斯拉前工程师道格 · 菲尔兹（Doug Fields），让大家猜测苹果可能会再次探索制造汽车。也有分析师表示，苹果将在 2023—2025 年上市苹果汽车。也许，2023 年的苹果发布会，我们就能看到“iCar”发布。

2019 年 1 月，苹果将大约 1200 人的自动驾驶团队裁减了近 200 名员工，尽管团队缩减，但苹果表示仍然相信自动驾驶存在“巨大机遇”，其余团队正在把工作重点放在“2019 年的几个关键领域”。2019 年 4 月，路透社报道，苹果至少与 4 家激光雷达制造商进行会谈，寻求下一代激光雷达方案。

2019 年 6 月 26 日，苹果向媒体证实，确认收购自动驾驶公司 Drive.ai。这个消息再一次将苹果无人驾驶汽车推上舆论的风口。Drive.ai 在 2015 年由几位斯坦福大学的学生创立，他们大多来自斯坦福人工智能实验室。这家技术型创业企业曾经在自动驾驶汽车行业有着独一无二的影响力，因为其一直专注于用深度学习算法和人工智能进行自动驾驶技术研发。Drive.ai 的估值曾经一度高达2亿美元，而在过去4年内，它已经从风投那里筹集到了近8000万美元的融资。苹果公司的这一动作，让人们对它的未来再次充满想象。

第四节 合纵连横，汽车产业的春秋战国时代

自动驾驶作为新兴技术，其研发成本高，技术上也具有诸多不确定性和复杂性，因此，一家公司单独开展自动驾驶汽车的研发显然要担负非常多的风险。为了分摊成本、降低风险，几乎每家自动驾驶汽车的从业厂商都积极地选择与其他公司合作，甚至出现一些昔日的对手也因为自动驾驶而成为合作伙伴的情况。发展至今，全球已出现十余个大型的自动驾驶联盟。

传统车企，从对手到伙伴

Cruise 联盟

正如前文介绍，在通用汽车收购了自动驾驶初创公司 Cruise 之后，围绕 Cruise 的朋友圈不断扩大，特别是日本软银与本田汽车的加入，让 Cruise 迅速成为仅次于 Waymo 的自动驾驶研发公司。当前，以 Cruise 为核心的通用 + 软银 + 本田的 Cruise 联盟正式成立。

大众—福特联盟

福特汽车于 1908 年发行 T 型车，推动福特汽车开始走向辉煌，并与通用、克莱斯勒组成底特律三大汽车制造商。在 2016 年老对手通用汽车收购 Cruise 后，福特汽车也在加速自己的自动驾驶研发步伐，2017 年 2 月，福特汽车以 10 美元收购初创公司 Argo.ai，并计划在 2021 年之前部署一项商用无人驾驶汽车服务。2019 年 7 月，大西洋彼岸的大众汽车以 10 亿美元现金 + 估值 16 亿美元的

自动驾驶子公司 Autonomous Intelligent Driving（AID）投资 Argo，合并后的 Argo 和 AID 拥有超过 700 名员工，成为世界重要的自动驾驶研发力量。

戴姆勒—博世联盟

作为欧洲 OEM 和 Tier 巨头，戴姆勒和博世长期的供应关系也为双方在自动驾驶方面的合作奠定基础。2017 年，戴姆勒和博世宣布将联手开发无人驾驶汽车，并将无人驾驶出租车 RoboTaxi 作为目标。虽然没有 AI 公司的加持，但两者在汽车产业的深厚积淀及博世领先的汽车电子技术，也为无人驾驶的研发提供无限可能。2018 年年末，戴姆勒、博世、圣何塞三方签署备忘录，计划将圣何塞作为试点城市，在 2019 年下半年开始，由戴姆勒和博世提供无人驾驶乘车服务（图 4–9）。

图 4–9　戴姆勒和博世合作研发的无人驾驶汽车

日本 Tier1 联盟

在自动驾驶时代，汽车电子类 Tier1 的重要性进一步凸显，为加速适应汽车产业变化，2018 年年末，日本爱信精机株式会社（AISIN）、日本爱德克斯株式会社（ADVICS）、日本捷太格特株式会社（JTEKT）及日本电装（DENSO）公司宣布合作组建新公司 J–QuAD DYNAMICS，研发用于自动驾驶、车辆运动控制及其他相关功能的集成控制软件。

联盟造车，改变行业玩法

自动驾驶行业中大量ICT公司的涌入，正在改写汽车行业的规则，围绕Intel（Mobileye）、NVIDIA等科技巨头，正在形成庞大的自动驾驶联合体。

Intel（Mobileye）联盟

2017年，Intel以153亿美元收购以色列ADAS巨头Mobileye轰动世界，在错过了手机芯片之后，Intel表达了抢占汽车芯片市场的决心和雄心。彼时，Mobileye占据世界ADAS市场份额的75%，也给了Intel进入无人驾驶领域足够的信心。在完成收购后，Intel也以Mobileye为核心加速进入汽车产业，与宝马形成战略同盟，宣布联合研发自动驾驶汽车，而后，奥迪、大众、通用、日产、菲亚特克莱斯勒、Lucid、德尔福、大陆集团等先后加入Mobileye联盟，Mobileye自动驾驶汽车（图4–10）也已经开展测试。针对中国市场，Mobileye也不断圈粉，投资芯片公司地平线机器人，与上汽、长安汽车、四维图新等密切合作。作为PC时代毋庸置疑的领头羊，Intel正在汽车产业形成先发优势。

图4–10 Mobileye自动驾驶汽车

NVIDIA 联盟

深度学习技术和人工智能的发展，为 NVIDIA 带来全新的发展机遇，NVIDIA 也顺应时代，摆脱对游戏行业的依赖，全面进入 AI 时代，而自动驾驶就是 NVIDIA 发力转型的重点领域之一。从最早的 Drive CX，到 Drive PX、Drive PX2、Drive PX Xavier、Drive PX Pegasus，NVIDIA 俨然成为自动芯片的代名词。大众、丰田、奥迪、戴姆勒、沃尔沃、特斯拉、博世、大陆、采埃孚等都与 NVIDIA 形成合作关系。面对自动驾驶的洪流，NVIDIA 联合创始人兼 CEO 黄仁勋比任何人都明白 AI 和自动驾驶对于 NVIDIA 的现在和未来意味着什么。

跨界创新，日本国家队诞生

回顾自动驾驶近年来的发展，日本的声音与其汽车强国的地位并不匹配。美国硅谷的咄咄逼人，也让慢了半拍的日本加速自动驾驶发展。除了在全球范围内合作、投资等方式外，日本也在本土加速自动驾驶研发。

2018 年 10 月，软银与本田牵头成立移动服务公司 MONET，MONET 已经接受了来自本田、日野、五十铃、铃木、斯巴鲁、大发、马自达等日本车企的投资，同时以该公司为基础成立 MONET 联盟，并吸引了日本相关行业企业近 300 家。2019 年，MONET 也与多个地区达成合作协议，测试无人驾驶出行服务。日本的另一只自动驾驶国家队，则是围绕高精度地图领域诞生。2016 年，基于日本 SIP-adus 项目，多家公司联合成立了日本自动驾驶基础地图平台公司（DMP)，丰田、五十铃、铃木、日产、三菱等 17 家公司参与投资。以日本汽车工业的雄厚基础和产业整合能力，相信未来日本会是世界自动驾驶力量中的重要一极。

第五节　中国车企的进击

国际各大车企都已经围绕智能汽车行动起来了，中国车企自然也不会落后。改革开放40年来，中国车企利用引进外资和自主开发，涌现了一大批实力雄厚的自主品牌。如今，汽车行业出现了电动化、网联化、智能化和共享化“新四化”浪潮，国内车企无一不踌躇满志，期待着利用这一时机实现弯道超车。

智能化成为乘用车新标志

中国一汽自2013年复活红旗品牌后，几年来一直向红旗汽车倾注诸多心血。红旗汽车也不负众望，自2018年以来，红旗销量持续增长，产品线也逐步完善。2018年10月30日，红旗品牌发布i.RFlag“旗偲计划”，旨在为用户提供智能的驾乘安全、极致的人机交互、伴侣式舒适体验，将不断推出更加智能化、高度自动化、完全自动化驾驶的新红旗产品。提出将在2019年和2020年分别推出实现L3和L4级的自动驾驶量产车型，并计划在2025年实现L5级自动驾驶。

东风汽车也在集团2018年的科技创新大会上发布了轻量化、电动化、智能化、网联化、共享化“五化”技术路线，近年来，通过对自身智能网联技术验证，东风汽车也开始通过发布众创平台，吸引更多上下游企业共同研发技术。东风计划在2019年发布具有全自动泊车+AR+HuD功能的L2级自动驾驶量产车型。在2020年，实现自动紧急制动、自适应巡航等L3级别的部分自动驾驶和L4级别的限定区域自动驾驶。到2025年，实现L4级别的高度自动驾驶。

2018年8月24日，长安汽车在重庆开办了一场“北斗天枢”智能化战略发布会。会上，长安汽车总裁朱华荣宣布，长安汽车将由传统的汽车制造企业转型为智能出行科技公司，打造车内智能出行伴侣“小安”。预计其全部车型在2020年将具备辅助驾驶和网联功能，并在2025年推出完全无人驾驶车辆。在2015年，长安汽车就发布了“654”战略，决定发展智能化汽车；2016年4月，长安汽车成功完成了重庆到北京2000 km无人驾驶的挑战；2017年12月，获得美国加州路试牌照；2018 年 4 月，与腾讯成立合资公司，共建智能车联开放平台。在发布“北斗天枢”智能化的第二个月，长安汽车就发布了具备 L2 级别的自动驾驶汽车 CS55，并在随后举行了 55 辆自动驾驶汽车巡游，挑战世界纪录。

上汽集团提出了电动化、智能网联化、共享化、国际化的“新四化”战略。2018 年，上汽跃进发布了互联网新能源轻卡 E100；2019 年，上汽荣威发布了达到 L3 级自动驾驶水平的 MARVEL X Pro 车型，可实现自动泊车和取车的功能；在 2019 上海 CES 展上，推出了首款 5G 零屏幕智能座舱荣威 Vision-i 概念车（图 4-11）。

图 4-11　上汽 Vision-i 概念车

广汽集团在 2013 年由广汽研究院开发了首款无人驾驶概念车 WitStar，在当年的广州车展亮相。2015 年，这款概念车参加了北美车展，引起轰动。2016 年，WitStar 迭代升级，已经具备局部区域内任意预设两点的全自动无人驾驶能力。2018 年，广汽发布了“广汽 GIVA 智能驾驶平台车计划”，向全球开放广汽智能驾驶平台架构。并在 2019 年推出了搭载自动驾驶系统 Adigo（艾迪狗）的 L3 级自动驾驶车型 Aion LX；广汽计划在 2020 年实现 L3 级自动驾驶汽车的量产。

吉利于 2017 年发布“iNTEC 人性化智驾科技”技术品牌，同时公布了吉利面向自动驾驶技术研发的 G-Pilot 1.0 到 G-Pilot 4.0 技术规划。G-Pilot 1.0

主要实现 ACC 自适应巡航、AEB 自动紧急制动、LDW 车道偏离预警等高级辅助驾驶（ADAS）功能，现已搭载在吉利多款车型上。在 G–Pilot 2.0 阶段，将实现特定环境下的自动驾驶能力，如自动泊车系统。G–Pilot 3.0 是目前吉利投入主要研发精力的自动驾驶平台，在 G–Pilot 3.0 这个平台上，车辆可实现临近车道的变道及无人监控的自动泊车操作等，并结合更多车联网信息娱乐和云端车车协同功能。G–Pilot 4.0 是吉利自动驾驶技术路线的最高层级，该平台结合了自动驾驶技术及出行算法逻辑，可提供完整的出行服务。同时，吉利与自动驾驶软件商 Zenuity 合作（图 4–12），成为吉利的自动驾驶算法供应商。

图 4–12 Zenuity 无人驾驶汽车

比亚迪也宣布打造“D++ 开放生态平台”，D++ 开放生态是开源的车载智能开发平台，可以为开发者提供开放的接口、车辆数据和控制权限。按照应用方向，分为“车应用开发平台”和“自动驾驶线控平台”两大部分。车应用开发平台是为开发者提供车载应用开发工具（SDK 模拟器），并为全球开发者逐步开放 341 个传感器，66 项控制权。针对信息类和控制类信号传感器，比亚迪将分为 1.0 版、2.0 版及自动驾驶开发者版进行逐步开放。与众多合作伙伴一起打造智能出行生态体系。

商用车走在智能汽车商业化前列

宇通自 2015 年开始就在河南郑州市进行了无人大巴实路测试，是国内首辆无人驾驶巴士路测。2018 年，宇通客车在上海召开“2018 年新能源全系产品发布会”，宣布已达到更高级别的自动驾驶能力，并连线展示了自动驾驶纯电动客车在厂区内作为通勤车使用的运营情况。目前，宇通的智联巴士“小宇”已经达到了 L4 级，具备智能交互、自主巡航、换道、避障、超车、会车、跟车、进站，以及紧急制动、精确停靠、路口通行、车路协同等功能。

福田汽车集团 & 福田戴姆勒汽车于 2016 商务年会期间，福田欧辉发布了 BJ6180 系列在线充电纯电动城市客车——BJ6180 无人驾驶 BRT 概念车。2019 年，福田的 L4 级无人驾驶车辆在延嵩高速开展测试。福田汽车宣称将在 2025 年实现全系列 L5 级自动驾驶的商业化。

厦门金旅于 2017 年在上海嘉定国际汽车城完成了自主研发的 6.2 米无人驾驶小巴 2 km 的场景测试。测试中，金旅无人驾驶小巴全程模拟城市道路寻迹行驶、自动避过障碍、自动实现环岛绕行、到站自动停靠、自主变道。2018 年，金旅发布第二代无人驾驶客车“星辰”（图 4–13）。

图 4–13　“星辰”无人驾驶客车

中车电动自主研发的全球首款 12 米智能驾驶客车，于 2017 年在湖南株洲经过封闭环境中 2 个月的测试，公开无人驾驶路试，且自动完成了牵引、转向、变道等动作，最高时速达到 40 km/h。

厦门金龙客车和百度合作，2018 年量产了无人驾驶微循环车“阿波龙”，并在后续投入试运营。这是国内首个实现量产的无人驾驶客车，目前已经投入超过 100 辆，并在雄安新区、厦门等多地开展实地运营，运营里程超过 10 000 km，接待人次超过 10 000 人。

中国重汽、天津港及主线科技三方联手在 2018 年打造推出的无人驾驶（L4 级别）电动卡车率先在天津港开启试运营。2019 年，中国重汽集团研发的两款无人驾驶汽车在山东省智能网联汽车测试道路测试运行。

一汽解放 2017 年开始在进行自动驾驶 L3 级别测试，同年完成国内高速公路 L3 智能车辆路试。2018 年，一汽解放在青岛港重磅发布 L4 级智能车 J7，正式在青岛港运营。

第六节　无人驾驶时代的安卓——百度

美国有谷歌，中国有百度。百度在汽车方面的布局由来已久，出行的导航软件百度地图和车机与手机的互联工具 Carlife 等工具已经深入人们的生活。然而，百度的汽车布局远不止于此，2013 年，由百度研究院主导研发的无人驾驶车项目正式立项。到现阶段，百度推出的最主要的战略工具就是自动驾驶系统 Apollo，除此之外，百度还拥有已开发多年的无人驾驶核心产品高精度地图，同时还布局了车联网、车路协同等技术，利用资本力量，投资整车、感知硬件、出行服务、后市场等领域。

搜索巨头的高调转型

百度作为搜索巨头，在人工智能时代也提出“All in AI”的口号，而这其中无人驾驶是百度 AI 落地的重要场景。百度也成为国内布局无人驾驶最早的科技公司之一，其美国研发中心、深度学习研究院（IDL）及自动驾驶事业部等先后承担无人驾驶研发工作，曾聚拢陆奇、吴恩达、余凯、王劲、倪凯、彭军等一大批无人驾驶领军者。

相较于其他企业的封闭和秘密开发，百度的无人驾驶一直都是开放和高调的。从 2015 年开始，百度大规模投入无人车技术研发，2015 年 12 月，在北京进行了高速公路和城市道路的全自动驾驶测试。2016 年 9 月，获得美国加州自动驾驶路测牌照，11 月，在浙江乌镇开展普通开放道路的无人车试运营。2017 年 12 月，在 Apollo 首届理事会上，自动驾驶车队高调亮相雄安（图 4–14）。而在高调的背后，则是百度以 Apollo 平台为核心的自动驾驶计划。

图 4–14　百度 Apollo 自动驾驶车队亮相雄安

Apollo 平台——自动驾驶的安卓平台

2017 年 4 月 19 日，百度发布了一项名为“Apollo”（阿波罗）的新计划，向汽车行业及自动驾驶领域的合作伙伴提供一个开放、完整、安全的软件平台，帮助它们结合车辆和硬件系统，快速搭建一套属于自己的完整的自动驾驶系统。

此项计划旨在建立一个以合作为中心的生态体系，发挥百度在人工智能领域的技术优势，促进自动驾驶技术的发展和普及。而将这个计划命名为“Apollo”计划，就是借用了阿波罗登月计划的含义。

阿波罗平台是一套完整的软硬件和服务系统，包括车辆平台、硬件平台、软件平台、云端数据服务四大部分。2018 年 1 月 8 日下午，在拉斯维加斯举办的 BAIDU WORLD 发布会上，百度正式推出了旗下第二代自动驾驶平台 Apollo 2.0。Apollo 2.0 具备开放、完整、安全的自动驾驶能力。2018 年 4 月 19 日，百度 Apollo 开放平台正式发布 Apollo 2.5 版本，支持限定区域视觉高速自动驾驶，“解锁”高速公路场景。2018 年 7 月 4 日，在 Baidu Create 2018 百度 AI 开发者大会上，百度发布 Apollo 3.0 已经开放了超过 22 万行代码，超过 1 万名开发者推荐使用 Apollo 的开放代码，生态合作伙伴规模达到 116 家。目前，Apollo 已经发布到 5.0 版本，成为国际最重要的无人驾驶开放平台之一。

总部位于加利福尼亚的无人驾驶汽车制造商 Udelv 在 2019 年使用 Apollo 3.5 软件试用多达 100 辆试运货车。Apollo 3.5 的升级将实现从简单城市道路到复杂城市道路的自动驾驶，面对窄车道、减速带、人行道、十字路口、无信号灯路口通行、借道错车行驶等多达十几种路况。2019 年 7 月，百度发布 Apollo 5.0，可以在特定条件下实现几乎完全自主驾驶。

量产车的野心

2018 年 7 月 4 日，百度创始人李彦宏宣布，百度和金龙客车合作的全球首款 L4 级量产自动驾驶巴士“阿波龙”正式量产下线（图 4-15）。这是一款面向园区巡游、接驳的量产巴士。如今，“阿波龙”已在 4 个城市、五大场景启动常态化运营，并获得国家客车质检中心重庆测试场安全认证。

图 4-15　百度“阿波龙”无人驾驶小巴

基于 Apollo 计划，百度无人驾驶的商业化落地也在快速进行中，Apollo 先后发布了自主泊车（Valet Parking）、无人作业小车（MicroCar）、自动接驳巴士（MiniBus）3 套自动驾驶解决方案，帮助开发者及合作伙伴 3 个月内即可打造出属于自己的“阿波龙”。基于 Apollo 自主泊车解决方案，百度已联合盼达用车实现了中国首次自动驾驶共享汽车示范运营，并联合现代汽车展开定点接驳的落地应用。此外，无人作业小车新石器 AX1 也已实现量产，在雄安、常州两地实地运营。

在量产车方面，百度与宝马、沃尔沃、一汽红旗、比亚迪、北京汽车、江淮汽车和威马等公司都展开了战略合作，协助它们完成 L3 级或 L4 级的自动驾驶量产车开发。在车联网布局方面，百度于 2014—2015 年相继推出 CarNet+Carlife，实现手机车机互联方案，2018 年发布小度 OS。在高精度地图方面，目前 Apollo 高精地图已采集里程达百万千米，覆盖全国高速公路、城市快速路、停车场超 30 万 km，2018 年 11 月，广汽与百度共同发布了 Apollo 高精地图定点 / 量产合作计划。在无人驾驶出租车方面，与神州专车、首汽约车、盼达、大道出行等出行公司有着战略合作。

2019 年，首批 45 辆自动驾驶出租车在长沙的城市道路上行驶，这支车队成为中国第一批自动驾驶出租车，由百度的 V2X 系统管理。同时，由百度和一汽红旗打造的中国首条 L4 乘用车前装产线，于 2019 年 7 月正式投产下线，改变了无人驾驶只能后装改造的历史。另外，面向环卫场景、物流场景和固定线路的巴士及摆渡车的自动驾驶布局上，百度 Apollo 都与相关伙伴进行着合作。

当前，百度 Apollo 已经俨然成为无人驾驶时代的“安卓”，为中国乃至国际上的自动驾驶车辆赋能，加速无人驾驶时代的开放、共享、加速创新和持续共赢。

第七节　增量零部件供应商——华为

作为世界知名通信企业，华为的一举一动都受到国内外的广泛关注，而在汽车电动化、智能化、网联化转型的过程中，诸多造车新势力的诞生也让有关华为造车的猜测层出不穷，特别是考虑到华为已经深入车联网、计算平台等领域，好像造车也不是不可能。直到 2019 年 4 月，华为阐述其汽车业务，定位增量零部件供应商。虽然不造车，但华为在汽车领域的野心并不小。

与汽车结缘车联网

华为最早与汽车结缘是在 2013 年，彼时华为在上海正式发布了车载模块新品 ME909T，同时，华为终端有限公司 MMB 产品线副总裁刘晓滨宣布，华为正式进军车联网。而后与东风汽车合作，发布 WindLink 车载系统，为整车企业提供网络信息入口。

在自动驾驶时代，车辆的信息交互已经不限于简单的娱乐信息传输，特别是 5G 技术的发展，为车辆网联化融合感知、云端决策等提供可能，车辆将从信息孤岛转变成为智慧城市的一个个信息节点，而华为就是负责编织智能交通、智慧城市系统 5G 网络的供应商。

华为针对 LTE-V2X 已经开展全面布局，从芯片、车载终端、路测设施到车辆网平台都可以看到华为的身影。2015 年，发布 LTE 4G 通信模块并应用于奥迪 Q7 车型，最新发布的 LTE-V2X 车载终端 DA2300 采用专为车路协同设计的华为海思 Balong765 商用芯片。华为的车载通信终端已经供货奔驰、奥迪、上汽通用、丰田、特斯拉、宾利、东风、长安等。

2018 年，华为在德国 CEBIT 展上发布了 Ocean Connect 车联网平台。通过该平台使能车辆的智能化网联、车企的服务化转型和交通的智能化演进。Ocean Connect 车联网平台为车企转型提供联接使能、数据使能、生态使能和演进使能。在同年举办的“2018 世界移动大会”上，又发布了全球首款商用的 C-V2X 解决方案 RSU（路边单元）。在 2018 年 11 月中国汽车工程学会年会暨展览会（SAECCE）期间举办的 V2X“三跨”互联互通应用展示活动上，顺利向业界展示了华为车载终端模组综合能力。华为在 2018 年 10 月举办的年度开发者大会上，发布了能够支持 L4 级别自动驾驶能力的计算平台——MDC600，拥有 8 颗华为 AI 芯片昇腾 310，同时还整合了 CPU 和相应的 ISP 模块，搭载 MDC600 的奥迪测试车（图 4-16）也同期展示。

图 4-16　搭载 MDC600 的奥迪测试车

华为利用自己的无线通信技术、芯片技术和云计算技术服务汽车制造商。2014—2019年，与东风、长安、一汽、广汽、上汽、标致雪铁龙、奥迪和东风等国内外整车制造企业签订一系列战略合作协议，布局生态合作。同时，还与零部件供应商、移动、联通、香港电讯、香港应用科技研究院、深圳巴士集团、国家智能运输中心、公安部交科所等单位在车联网技术、5G技术、V2X技术等领域展开广泛合作。

最受关注的是，2016年9月，华为与奥迪、宝马、戴姆勒、爱立信、英特尔、诺基亚和高通等几家企业成立5G汽车通信技术联盟，研发下一代智能互联汽车并推进车内5G通信技术的应用。这为我国在国际汽车标准和通信标准领域拿下了宝贵的话语权。在2017年的5GAA C–V2X体验峰会上，华为展示了业界最新LTE–V2X性能测试方案和结果，直连通信覆盖达到1 km以上，在高密度拥堵的交通场景下（400辆车在十字路口）通信时延小于20 ms，消息发送成功率超过90%。

华为到底造不造车

华为造车的传闻由来已久，2016年时传言华为与麦格纳合作，进军汽车制造，但后续没有下文。到2016年年底，华为车联网研究创新中心招募智能驾驶、动力电池系统开发和设计、电机和电驱、充电解决方案、整车设计等领域人才。当时媒体的报道称，华为在汽车业务方面的校招工作至少已开展了3年。2017年，华为与清华大学开展无人驾驶技术研发，并在曼卡科技园进行测试。当年晚些时候，针对自动驾驶方面，据称华为已经进行了远程驾驶、编队驾驶及快速并道的测试。

2018年，有关华为入股威马汽车的传言甚嚣尘上，很多人纷纷以为华为要像“BAT”（对百度、阿里巴巴和腾讯3家国内顶级互联网企业的统称）那样通过投资新势力造车企业涉足新能源和智能汽车产业，但双方均表示否认。不过 2016 年 8 月，威马曾与华为、四维图新等达成战略合作协议。2018 年 5 月，有消息称，华为研发的首款纯电动车已进入收尾阶段。这款纯电动车充满电只需 15 分钟，可以续航 1000 km。同时，华为在曼卡科技园拆解 Tesla Model X 进行测试改造。2018 年 11 月，华为与北汽新能源合作，可以为北汽新能源提供电机、电控、动力电池总成、BMS 及车载电源等一整套解决方案。

2019 年 1 月，华为与北汽新能源联合设立 1873 戴维森创新实验室，共同开发面向下一代的智能网联电动汽车技术。同时，与长安汽车成立“长安—华为联合创新中心”，将围绕汽车智能化、电动化、网联化、共享化共同开展深入的技术研究，推动未来汽车行业深远发展。而后，华为造车的新闻再次引发波澜，Twitter 上有消息称，华为轮值 CEO 内部表态“我们研究了 4 年，把未来电动汽车和自动驾驶的整体架构和关键技术基本摸清楚了，未来自动驾驶能力的电动汽车，除了底盘、4 个轮子、外壳和座椅外，剩下的都是我们拥有的技术。”

直到 2019 年 4 月的上海汽车展，华为轮值董事长徐直军突然在一个分论坛上宣布了华为的汽车战略和定位，华为“帮助车企造好车”，而不造车。就此，华为造车的言论暂告一段落，而其“增量部件供应商”的定位也让华为在汽车领域的布局和规划跃然纸上。

增量零部件供应商

无人驾驶汽车让汽车的核心价值链大大扩展，华为也依托自身在通信、芯片、人工智能等方面的优势，在汽车领域瞄准 4 个方面的工作。

①连接：继续深化车辆网方面的业务，为汽车企业提供 4G、5G 的通信模块，加速车辆的网联化。②计算平台：人工智能算法需要芯片算力的支持，以 MDC600 为代表的计算平台赋能无人驾驶；③华为云：提供名为“八爪鱼”的自动驾驶训练平台；④智能终端生态和车结合：实现人车家全场景智能生活，主要是将华为手机与汽车生态打通。

2019 年 5 月 27 日，华为集团总裁任正非签发华为组织变动文件，批准成立智能汽车解决方案 BU，隶属于 ICT 管理委员会管理。该文件指出：华为不造车，聚焦 ICT 技术，成为面向汽车的增量 ICT 部件供应商，帮助企业造好车。而在华为心声社区的任正非内部讲话中也指出：对于 ICT 业务方面，“车联网、人工智能、边缘计算是我们未来的三大突破点。车联网可以成立商业组织，加大投入。面对智能汽车的连接、车载计算、自动驾驶等都是车联网的重要方向，要作为战略坚决投入，激光雷达等要聚焦在 ICT 核心技术相关的方向上。”

华为的“造车路”仅仅是开始，其智能汽车解决方案 BU 的成立也给中国无人驾驶行业提供了强力支持，华为的无人驾驶未来让我们拭目以待。

第八节　中国创新体系下的联合体——国汽智联

面对新一代科技革命的巨大研发投入，世界各国都在创新研发体系，而在无人驾驶汽车领域，美国、欧洲、日本等国家和地区都通过产业整合加速无人驾驶的发展。面对自动驾驶汽车开发的高昂成本和诸多共性难题，在中国特色集中力量办大事的体制优势下，国家智能网联汽车创新中心也应运而生。

2017 年 6 月 12 日，由中国汽车工程学会和中国汽车工业协会牵头，联合汽车、通信、交通、互联网等领域的企业、高校、研究机构，发起成立“中国智能网联汽车产业创新联盟”（以下简称“联盟”），工业和信息化部苗圩部长、辛国斌副部长分别担任联盟指导委员会主任和副主任。目前，联盟成员包括来自汽车、信息通信、交通等领域的理事单位 64 家，普通成员单位近 300 家，已成为国内推动智能网联汽车产业发展的重要平台。苗部长提出由联盟牵头组建国家智能网联汽车制造业创新中心。该中心的依托单位主要包括产业联盟、高校院所、整车和零部件企业、信息通信企业 4 类。创新中心的运营主体为国汽（北京）智能网联汽车研究院有限公司（简称“国汽智联 CICV”）。目前，已有 18 家国内领军的整车、零部件、信息通信领域的企业和科研机构向该单位出资。

国汽智联的功能定位是国家层面创新战略的核心智库、创新技术的研发中心、创新服务的公共平台和创新人才的培育基地。角色定位是新兴产业培育者（引导），产业发展促进者（孵化），企业研发协同者（转移 & 服务）。基于这个定位，国汽智联发布了创新中心的首批任务：致力于开发五大基础平台（智能网联计算基础平台、智能网联车载终端基础平台、智能网联汽车云控基础平台、高精度动态地图基础平台、信息安全基础平台），解决七大共性技术（智能网联汽车发展战略、智能网联汽车信息物理系统架构、智能网联汽车技术标准、测试评价及基础数据库、智能驾驶与汽车人工智能、智能安全及人机交互、中国标准 L4 级自动驾驶系统）。作为整合行业资源的创新平台，国汽智联基于智能网联汽车产业生态，聚焦智能网联汽车关键共性技术，协同推进高精度地图、信息通信、云计算、大数据等支撑技术，以及标准法规、产业保险等社会环境的持续完善，国汽智联的运行模式如图 4-17 所示。

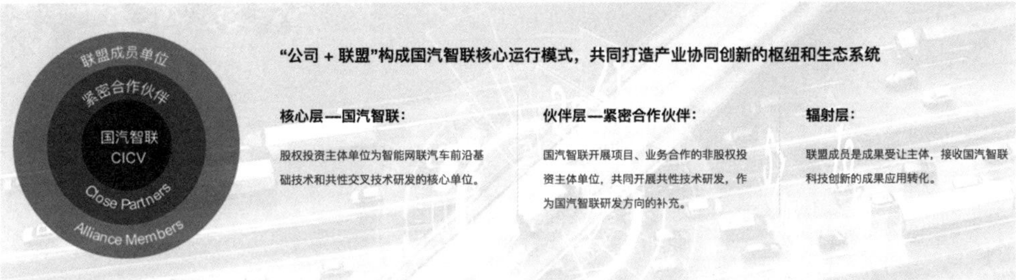

图 4-17　国汽智联运行模式

国汽智联也利用自身国家级创新中心的地位为社会提供各项服务，目前开放的服务内容如下。

研发设计平台。与国内企业合作研发复杂系统重构设计、智能网联安全与多模式测试评价、行驶环境融合感知、智能网联决策控制等前沿、关键共性技术；承担国家科研任务，接受企业委托研究开发项目等。

试验验证基地。对研发成果进行中试验证，攻克产品研发过程中的技术难题，解决产业化的关键技术瓶颈。

公共测试平台。以自身检测实验能力为主，协同联盟成员单位的国家重点试验室和工程中心，为行业提供技术评价、产品检测、认证及标准咨询等基础性公共服务活动，促进企业提升产品品质、实现技术升级。

共性技术服务平台。集成创新和知识产权资源，推动标准的研究与制定；为行业提供产品设计所需的共性技术支撑及技术评价服务，形成高效的服务机制和能力。

成果转化基地。促进智能网联研究成果转化落地，推动先进技术形成示范应用并完成产业化。

国汽智联经过一年多的发展，在很多方面的建设已经取得了重要进展，具体如下。

信息物理系统架构。面向未来智能网联汽车普及应用的环境，通过基于模型的系统工程方法（MBSE）建模设计，构建一套支持汽车实时协同控制、基于业务可灵活定制、技术中立可持续演进、服务于系统全生命周期管理的设计方法和参考框架。架构可以为企业需求管理、协同研发、仿真验证和实施运营等环节提供基础框架模型，为政府制定智能网联汽车和智能交通顶层设计提供参考。

信息安全建设。国汽智联信息安全以构建智能网联汽车信息安全体系与服务平台为目标，以整车安全开发流程为核心，以标准及专利集群为驱动，通过跨行业、跨地区先进技术资源整合，保持技术引领能力，立足行业，背靠国家，成为智能网联汽车安全产业发展创新的基础平台。

高精度动态地图平台。国汽智联高精度引擎打开自动驾驶的耦合，为自动驾驶决策系统、视觉和激光雷达等传感器提供开放的高精度定位接口和高精度地图数据接口。国汽智联高精度地图云平台基于车辆信息完成地图数据更新，并且为自动驾驶决策提供支撑。

智能座舱 OS。国汽智联开发自主可控的智能座舱 OS，有助于突破国外技术垄断，有助于配合国家对关键数据的监管和保护，有利于智能网联生态链的营建。目前，国外竞品以 QNX、Linux、Android 等为代表，作为定制化开发的基础；国内以 Ali OS、华为 OS 等为主。国汽智联将策划和建立智能座舱操作系统平台公司，以研发具备国际先进水平、满足中国标准的智能座舱 OS 为核心，同步开展智能座舱生态系统的搭建。

中国标准 ICV 场景库建设。建立中国标准 ICV 场景库理论架构体系，研究并提出具有国际先进水平和中国特色的 ICV 场景库基础架构及基本规范，确定中国 ICV 场景数据采集规范，为中国标准 ICV 场景库建设奠定基础。建立中国标准 ICV 场景基础数据集，搭建包含不同车型的采集车队，采集车辆、驾驶员行为、道路环境、交通等多方面信息，分析真实的交通环境和驾驶行为特征，构建能够反映中国实际的 ICV 研发／测试数据集，如原始数据集、标注数据集、自然驾驶数据集、标准规范数据集和功能重构数据集等。建立智能网联汽车基础数据综合服务平台，针对多源数据，建立可扩展可共享的 ICV 场景库综合服务平台；实现科学合理、高效快速、结果准确的大数据自动标注和分析；利用该平台实现数据的预处理、数据分析、数据标注及数据应用等不同功能。建立中国标准 ICV 测试评价体系，基于中国实际，构建能够满足不同需求的 ICV 评价体系，覆盖软件在环、硬件在环、整车在环到公开道路测试等多个维度，支撑智能网联汽车的零部件、系统及整车测试。

在商业模式上，汽车产业链的变革改变了传统的一级、二级供应商和主机厂的产业结构，在产业变革中，围绕信息安全、高精度地图、人工智能等新兴技术和共性基础技术领域将会诞生一批新型的共性技术与产品提供商，需要整合跨行业力量，为不同企业产品研发提供跨领域的共性交叉基础模块、中间组件和通用平台，创造 Tier 1.5 级供应商新型模式。国汽智联也与斑马网络、百度、东软睿驰、中科院软件所、普华软件、海克斯康等多家单位签署合作协议，围绕智能网联汽车相关共性技术研发开展深入合作。积极构建智能网联汽车产业链中的新型平台公司，探索打造 Tier 1.5 级零部件供应商的新思路。

未来，相信随着创新中心的建设，必将推动行业急需的基础前沿共性交叉技术的研发及相关技术的转移和扩散，实现技术的首次商业化应用，从而培育一批在智能网联汽车领域具有国际竞争力的企业。持续高效引领和支撑行业发展，提升我国智能网联汽车及相关产业在全球价值链中的地位。

第五章

智能汽车：再次改变世界的机器

近年来，智能汽车迅速发展成为全球热门行业。除了对汽车工业的革新和改变，它的影响更多地体现在对行业边界的拓展上，新能源、智能网联、共享化已经不可逆转地成为未来汽车发展的趋势，并开始引领新一轮的技术浪潮。其对产业格局的影响和变化之大超出想象，智能汽车融合了芯片半导体、新能源、工业制造、交通运输、人工智能、互联网、新零售等多个十万亿规模的产业。以人工智能为代表的新兴数字技术革命将深度影响和融合制造业技术，引领全球制造业的转型升级，所引发的产业格局和生态的变革也将带动第四次工业革命的发展，必将使人类文明提高到前所未有的高度。交通“零”事故、城市生态更宜居、环境更美好。

第一节　按需定制化：魔方千转，终成一面

1913 年，福特建立起汽车生产流水线是汽车发展史上的第一次革命。每个工位上的工人只是做简单重复性的工作，这降低了对工人技术的要求，却极大地提高了效率和产品质量。规模化的生产有效降低了产品的价格，从而使得社

会大众也可以买得起汽车。一夜之间，流水线成为通用技术，各家车厂纷纷模仿并大规模引进，从此，汽车工业开始进入大规模标准流水线化生产的时代，而围绕其上下游衍生出来的各个领域也共同组成了世界上体量最大的产业。智能汽车和工业 4.0 时代的来临对传统汽车制造生产的方式必将再次产生重大影响。而汽车已经在我国开始了从资产到消费品的转化，未来的智能汽车更多的是作为共享经济商业服务的工具，因此，车辆的生产和设计也发生了重大的变化和革新。

由设计来重新定义汽车

汽车设计生产主要是由造型概念设计、工程设计、CAE 仿真、电子样车、主模型模具样件制作、试验、发布、量产投产等几个环节组成。从设计到试制样车，再到量产前的测试，其周期一般需要 2 ~ 3 年的时间。在反复的测试验证和设计修改中完成车辆定型，然后基于车辆的定型反复调校生产线试产，最终完成大批量的生产（图 5–1）。随着智能汽车时代的来临，应用根据场景的需求改变，迭代变化非常迅速，传统的车辆设计方式已经不适用于现今时代的发展，迫切

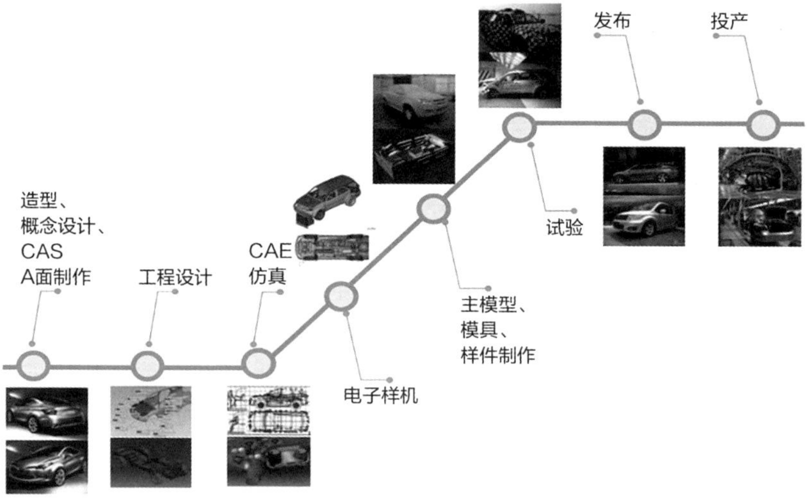

图 5–1　整车设计生产流程

需要从核心零部件、底盘平台、内饰座椅、外观造型等方面进行一场全方位的变革。传统汽车设计的流程和方式亟待改变。

怎样的平台化、模块化设计才能适应各种智能汽车的应用场景，这成为智能汽车设计过程中需要重点考虑的问题——从各功能零部件层面就需要完成一体化和模块化的设计。传统燃油汽车的发动机、变速箱、刹车传动系统等各个系统零部件功能关联结合紧密，以燃油车的刹车系统为例，整个刹车系统需要依靠发动机运转进气道产生的负压来辅助，为制动系统提供助力，各个零部件功能关联性过高，导致难以实现零部件的模块化。而新能源汽车由于采用电驱动的方式，对机械结构和各个零部件关联性要求比燃油车要低，相关零部件的集成和模块化更容易实现，集成度也更高，尤其是未来智能汽车的应用大量集中在城市中低速的区间，对零部件的性能要求有所降低，也有利于整车零部件系统的平台化和模块化，将大量采用平台化和模块化集成度高的零部件，如轮毂电机、电磁刹车、线控转向、三电合一等新能源汽车系统。在新能源平台化、模块化的架构下，智能汽车的相关车型可以很方便地生产和自由调整轴距，以满足不同级别多样化场景的需求。

智能汽车模块化的设计，极大提高了模块化的零部件系统在不同平台之间的通用性，其带来的最直接收益是节省了新车型从立项到量产的时间，从而摊薄各项研发的成本投入。目前，大众、奔驰、丰田、雷诺日产、沃尔沃等各大车企已经基于燃油发动机和混动研发了模块化平台。随着平台化的推广和落地，新车型的量产从以往的 36 个月压缩到 20 ～ 24 个月，可以说，模块化和平台化的设计极大地提高了车型迭代的效率。随着智能汽车新能源平台的渗透将进一步压缩周期，模块化的设计方式所带来的想象空间也是巨大的，车主和车辆运营公司可以很方便地根据自身的需求来定制相关配置。伴随着智能汽车相关自动驾驶技术的落地，共享化的需求会加速智能汽车的设计模块化。主机厂可根据不同的运营需求和场景来改变智能汽车的座舱设计以适应不同的需求，模块化零部件和底盘平台则不需要根据需求的变化来改变。

贴近交付的生产方式

“四化”的应用成为智能汽车发展的基石。智能汽车与普通汽车最大的区别在于其整体的电动化、智能化、网联化、共享化，其中大量智能化、网联化技术的应用构成了智能汽车与普通汽车最大的差异化。从人工智能的技术应用层面来看，技术发展主要还是依靠大量的数据来训练模型以适应不同的应用需求，“以数据驱动算法”的迭代和完善成为必然的技术发展路径，而应用场景的属地化和多样化给智能汽车的生产和应用带来全新的挑战。90% 的技术共性带来平台化、模块化，10% 的属地化、运营化必然导致最终交付的产品需要根据具体的区域场景和消费者的要求来完善和生产。

智能汽车与传统汽车的生产最大的差异化是涉及大量的传感器安装，需要完成各个传感器标定的工作。这就对量产产线提出全新的要求，各个传感器需要在生产线上完成内外参标定得到各个传感器的相对位置，将不同的传感器放在同一个坐标参考系中，传感器标定完成后需要将数据输入各种功能的域控制器当中。从属地化的场景需求和安全性来考虑，车辆下线后需要在属地化的封闭测试场和示范区中完成整个智能汽车尤其是自动驾驶系统的功能闭环测试验证，以完成整车成产下线后的最终验证。

从批量化生产方式来看，智能汽车尤其是具备 L3 级以上自动驾驶功能的智能汽车，除了要历经传统汽车流水线生产工艺中的冲压、焊装、涂装、总装四大流程外，还多出了传感器标定和场地测试验证环节，这就对生产环境带来全新的要求，需要围绕厂区建设封闭测试环路和测试场地（图 5–2）。未来，实现 V2X 的功能覆盖将成为智能汽车生产线的标配。智能汽车生产下线后也需要完成每辆智能汽车的数字孪生建模和各项技术指标及数据备份，以备未来维修保养和事故追溯。在属地化的封闭高速环路和测试场内完成基本 ODD (operational design domain) 设计适用范围内各个功能场景库的验证，整体验证通过后这辆智能汽车才能成为合格产品并交付使用。

图 5-2　生产测试一体化概念

中国地理纬度跨度近 50°，经度跨越超过 60°，幅员辽阔，地形多种多样，天气环境差异大，造成各地区自然环境、风土人情、行为习惯差异也较大，也使各地区的城市环境、交通设施、驾驶习惯、行人习惯等有着差异化的区别。智能汽车尤其是自动驾驶技术，很难用一套算法规则实现所有环境的驾驶。在哪开、怎么开，完全受限于各个区域的自然环境、城市环境和当地交通行为习惯，这就要求智能汽车要针对不同的地区特点完善自动驾驶和语音识别等功能和算法，以适应不同地区的环境场景。智能汽车统一标准化的硬件平台，基于各个区域场景的算法软件定制化，将成为交付应用、落地运营的现实需求，属地化的交付运营中心成为必不可少的环节。由属地运营交付中心负责采集管理相关地区的数据和验证管理，基于数据特征迭代智能汽车相关功能和算法，以支撑智能汽车属地化的应用和运营。

中国是制造业大国，改革开放以来创造的经济奇迹就是依托大规模的工业生产实现的。作为全球最大的制造业国家，中国这个“世界工厂”也是世界上唯一拥有联合国产业分类中全部工业类的国家，互联网、人工智能等相关数字经济技术的发展和应用范围也已经大幅领先全球。强大的制造业基础和人工智能技术为我国智能汽车及相关行业的发展带来全新的驱动力，也必将在领先性和应用范围方面引领全球。

第二节 城市移动空间：城市万花筒中的新生态

智能汽车不仅改变了汽车工业，也改变了整个与汽车相关的产业链和生态结构，也将以其广泛的应用从方方面面改变人们的生活，使各类智能汽车用户体会到更加便利的生活服务和更加高效的工作。各大汽车集团也将由重资产生产型企业向生活服务和产业运营型企业转变，重构价值体系，给人们带来更加广阔的生活空间和全新的消费体验。互联网造车和自动驾驶公司等新兴势力也正运用人工智能和信息技术切入智能汽车市场，由于多年来互联网共享经济、新零售的发展，互联网企业的用户画像已有充分的数据积累。从用户的认知上，互联网行业各种涉及消费出行和生活服务类的 APP 也更加贴近用户。但智能汽车技术复杂、跨行业多、产业链长，虽然互联网企业更加贴近消费者和用户，但汽车工业与互联网人工智能产业需要从技术发展和产业生态方面加强合作，强强联合，共同发展，妄谈颠覆并不现实。如今，智能手机已是人们生活中离不开的产品，而智能手机的发展为智能汽车提供了参考样本。手机已从通信功能发展成为生活和信息等服务的综合移动终端，而汽车目前在人们生活中只是简单承担与“行”相关的服务和功能，智能汽车时代的来临也必将复现功能手机到智能手机过渡时产生的各种应用和服务的崛起。图 5–3 为丰田发布的城市移动空间概念车。

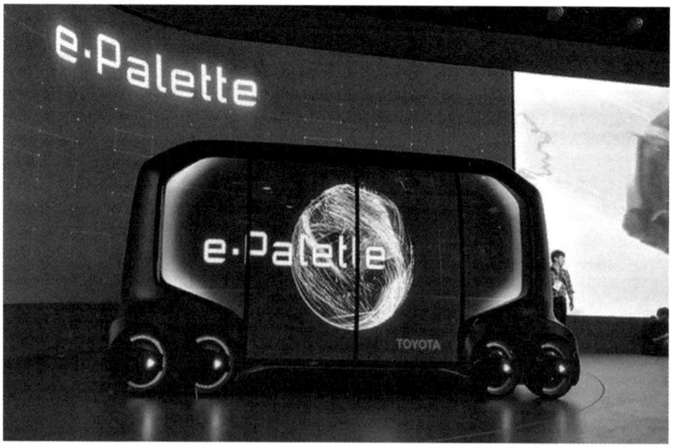

图 5–3 丰田发布的城市移动空间概念车

道路千万条，安全第一条

2018 年，我国机动车保有量达到 3.27 亿，机动车驾驶人员达到 4.09 亿，双创历史新高。交通事故死亡人数对比 2017 年减少 578 人，下降 0.9%，虽然没有公布具体的死亡人数，但按照历年统计数据推测，交通死亡人数应在 6.3 万人左右。我国交通事故平均每年高达 860 多万起，其中，未按规定与前车保持车距、驾驶操作失误、违法变道超车、能见度低不按照规定行使、疲劳驾驶等各类人员操作失误违法的事故占比超过 96% 以上，智能汽车的大范围应用可以有效降低人为操作失误和违法带来的交通事故，使全社会受益。有数据显示，驾驶员驾驶车在应急条件下的紧急制动时间受到个体差异的影响，反应时间从 0.8 ~ 3 秒，在高速公路 120 km/h 的情况下，刹车时仅人员刹车判断时间已经使车辆行驶超过 26 米甚至 100 米的距离，而智能汽车由 AI 超算芯片操控可在 0.2 秒内迅速做出判断，也就避免了司机反应时间长和操作失误的可能性。脱离了人为因素干扰的智能汽车全方位超越传统汽车，也必然带来更加安全的交通环境。

交通事故是在一定的条件下发生的，有随机性和偶然性，往往是人、车、路、环境等综合因素导致。虽然智能汽车将人为因素“脱离”交通环境有利于提高绝对的安全性，但也不能忽视环境因素，需要依据智能汽车的行驶和运营环境，通过优化路网环境来进一步提高对事故的预防，“智能的车 + 智慧的路”有效降低了交通事故的发生，提高了交通出行的安全和通勤效率。

按需定制有险无忧

智能汽车对保险业带来的变革和影响巨大。由于未来汽车都是运营化的工具，满足各种出行和服务的需求，改变了汽车的使用方式，而私家车保有量的增长也会停滞甚至降低，交通事故率也随着智能汽车的广泛应用而降低，对保险带来的冲击和改变非常大。虽然智能汽车可以避免汽车驾驶中带来的事故问题，但也会产生新的问题，如智能汽车传感器和系统失效、零部件异常、网络中断或被黑客攻击。交通事故的主体发生变化由人转移到系统上，消费者与保险公司的关系也随之产生转移，转移到智能汽车系统或运营公司上。保险业务和险种的设计也要根据产业发展进行调整，可以根据实际服务情况来设计险种。例如，参考飞机延误险设计智能汽车出行延误险等，根据出行路线的环境情况按需购买保险设计 UBI（Usage Based Insurance）险种，以满足智能汽车出行服务付费模式的改变和需求。从事故认定和保险定价模型上也会带来巨大的改变，如何认定未来智能汽车事故的责任方成为每个保险公司亟须面对的挑战。这就需要保险公司对智能汽车的数据有所掌控，对数据的分析、智能汽车交互设计和算法的评测成为保险公司必须要面对的技术难题。保险定价模型也会基于不同的区域环境、行驶路线、车辆线控底盘、传感器、算法方案等因素来进行相关保险的定价和设计。

智能汽车爱上出行

人们生活离不开衣食住行，行是每个人每天都要面对的问题，尤其是对一线大城市的上班族来说，交通拥堵更是“伤不起”，已成为大城市的共性问题，甚至有些四五线城市的上下班高峰拥堵情况也比肩一线城市。以一线城市为例，工作日平均通勤双向时长达到 85.27 分钟，也就是说，假如要上 35 年班，一生花费在通勤上的时间约为 11 869 小时，其中 5443 小时是因为拥堵导致。智能汽车的应用会带来出行效率的提升，由智能汽车实时采集的交通流和环境数据上传到统一的云端数据中心，与交通数据和基础设施的数据在云端完成数据融合。融合后的数据基于交通的变化和历史数据的预测做区域和城市的全局调度，再下发指令到每个智能汽车终端，用合理化的调度来躲避拥堵，从而降低拥堵。智能汽车自身解决了人类在驾驶汽车过程中的误判和误操作，避免了因交通事故造成的拥堵，更加智能和平顺的行驶也使整个交通环境更加通畅。

可以想象一下，您在一个工作日的早晨起床后用手机订一辆智能汽车，选择了同车送达早餐，收到车辆到达提醒后离开在郊区空气优良、风景宜人的别墅，坐进车里后智能汽车缓缓启动，自动根据天气状况和乘客的体感数据调节出适合的温度，座椅也根据坐姿和习惯自动进行调节。这时手机收到一条信息，您的体脂含量超标，请注意合理膳食，原来是智能汽车座椅中的压力传感器基于收集到的体重信息给出的健康建议。如果您正好想起来正在进行中的项目，打开笔记本电脑收到一封有关商务合作进展的邮件，事态紧急需要马上联系合作伙伴共同协商解决，电话拨通了对方的联系人得知正要出门上班，对方立刻将定位信息发送过来。在车载中控大屏幕上，经过简单的操作及时调整了智能汽车的行驶路线，在合作伙伴的小区门口接上对方，双方在智能汽车里吃着早餐，进行了融洽的会谈。当谈到具体方案时你按下了车内投影按钮，车窗玻璃变成了一块显示屏幕，将演示方案内容投影到大屏幕上，双方讨论并针对问题和细节修改了方案。完成了方案后到达合作伙伴公司对方下车，您再次打开车窗显示屏一边看着昨天因为加班漏看的球赛，一边向公司出发。这只是未来智能汽车在出行上给人们带来美好生活体验的一个例子，可见，智能汽车的发展所带来的万千应用也将从方方面面改变我们的生活。

智能汽车重构城市的发展

智能汽车所带来的交通效率的提升和出行体验对城市的变化和影响非常巨大，智能汽车结合智慧路网有效减少了车流冲突，车辆可以快速通行，不需要设置复杂的路网环境和基础设施。智慧路网的建设再结合智能汽车，用网联化技术手段便可以取消红绿灯，根据通过车辆的速度方向随时调度行驶通行规则，交通出行从此没有了“等灯”的概念。全方位高效率的交通也必然带动大量的出行服务需求和体验。每次完成乘客 A 点到 B 点的出行服务后，车辆都会自主地接下一位乘客，高效的车辆利用和周转率极大降低了对停车场的需求，人们再也不需要为开车、停车而感到烦恼。道路和停车场空闲出来的空间可以改造成绿地花园或游乐设施，创造出更加美好的城市生活。

智能汽车的广泛应用也必然对城市房地产产生影响。住宅地产方面，智能汽车的应用带来了高效率的交通环境，而便捷交通所带来活动半径的提升使城市居民不需要再扎堆到城市中心，而是可以搬到郊区环境适宜的地区生活，城市中的区位也将变得不那么重要，人口将被自然地疏解到郊区去。智能汽车对商业地产带来的改变，更多体现在服务方式上，目前商品的买卖主要是上网购买后快递送货或自主到商场选购，而智能汽车所承载的商业形态更加广泛，电影《让子弹飞》中坐着火车吃着火锅的情景将走进现实生活，坐在智能汽车里吃着火锅将成为每天都在上映的电影；用智能手机下单购买的商品也将由智能汽车送货，可以在车内试穿选购，下车后自动结算；在小区间的空地中，每天由智能汽车车队组成的生鲜和商品市场认你选购。不仅是出行到想去的地方，人们所想要的、所需求的也将由智能汽车送来。因此，商业地产承载的大部分商品和服务智能汽车一样可以提供。

在智能汽车移动即服务的大潮下，我们不需要再为了考驾照而烦恼，超出驾照年龄也可以方便地“开车”出行，各种商业服务与智能汽车相结合而产生丰富多样的生态模式。城市中的清洁、公交、运输等需求都由智能汽车来承担，城市的管理和发展也将因智能汽车的驱动而变得更加方便和高效。

最难的工业产品、最难的 AI 应用、最难的生活服务、最难的数据处理、最难的计算终端、最难的生态化平台，全球没有几个国家或地区有能力和机会去实现智能汽车技术的发展和产品化的竞争。我国有着良好的工业化和信息化基础，两化融合经过多年的发展，也已具备落地条件和技术实力。尤其是互联网 +、大数据 +、共享经济、新零售的商业模式深入人们生活工作当中，8 亿 3000 万网民，5 亿 3000 万智能手机用户也为未来智能汽车商业化应用提供了强大的用户基础和基数，我国完全有条件、有需求、有实力去实现智能汽车对城市和生活服务的变革。智能汽车给城市生活带来巨大变革，在具体的落地和运营过程当中，也需要充分考虑对社会和各个行业的挑战，从全社会安全和发展的角度放弃短期的利益，做好长远规划。

第三节　新能源的应用升级：神龙潜水，能源新语

智能汽车商业化的服务和运营，离不开能源的补给。如果说智能汽车是城市的血液，那么能源就是智能汽车的血液。智能汽车的商业模式构建在能源之上，能源是无可替代的。如何利用能源，提高智能汽车商业模式的运营效率，节能减排，提高城市的空气和生活质量，是未来必须直接面对的挑战。

新能源补给方式的变革

智能汽车的电动化发展，使其具备了储能特点，从而为调节优化电网电力分配提供了可能。可利用电力峰谷电价的差异进行能源的储备，晚上波谷电价便宜的时段引导智能汽车到充电区域充满电，白天出行时间用电高峰时段在城市中运营，解决出行和生活服务的问题。智能汽车的运营有区域性的特点，可以利用区域性的微电网系统优先存储消耗区域内太阳能、风能资源等分布式能源和储能，提高区域微电网的利用效率，减少碳排放。

智能汽车需要一套自动化的能源补充方案。新能源的应用使无线充电技术成为解决智能汽车充电的重要技术手段之一，国内外已经有小范围的示范和应用。它是由位于汽车外部的原边线圈装置和位于汽车内部的副边线圈组成。在充电时，智能汽车行驶到原边线圈位置上，通过电磁感应或共振的方式，使副边线圈可接收到原边线圈的电流，从而对电池进行充电，通过感应自动充电不需要人员干预成为它与自动驾驶汽车最完美的结合。无线充电由于桩端安装于地面上，不过多占据空间，停车位可以设计得更加紧凑，尤其是全无人立体停车库的建设对空间的利用和使用达到了极致，无线充电技术可以很好地满足该技术的应用。也可以部署在道路上，当汽车通过时进行能源补充，每隔一段距

离部署一段无线充电路，智能汽车在行驶中就完成了能源补给，也就不需要停车充电，无线充电技术为智能汽车带来应用上更加便捷的发展（图 5-4）。

图 5-4　动力电池无线充电示意

除无线充电外，也有通过受电弓自动补充电能的方案，我国高铁就是使用受电弓技术。受电弓可实现的充电功率非常高，但需要车辆顶部安装部件，这对车辆的大小提出严格要求，普通乘用车和轻卡没有安装条件，因此，无线充电受电弓的方案更适合公交和新能源重卡类的大型车辆，如大型商用车在停靠港和行驶过程中可实时补充能源——公交车进站后在停车时上下客人的短时间内由受电弓快速补充电能（图 5-5），也可以沿公路路网建设架空电缆，车辆通过时补充电能。在全球降低碳排放的大环境下，汽车作为能源消耗的大户必然首当其冲。尤其是在智能汽车“无人时代”更加需要结合落地化的应用场景解决能源补给需求，自动化充电方式必然成为未来商业化发展的选择。

图 5–5　瑞典 E16 跨国公路重卡受电弓测试

智能汽车的发电机

随着各国提出燃油车禁售时间表，新能源汽车得到极大的发展前景。其中氢能源汽车的零污染、加氢快、续航高等特点和优势使其成为未来智能汽车新能源化的重点方向之一。和纯电动车相比，氢能源续航高、能源补给快，与传统燃油车相比，氢能源汽车又具有无排放的特点，对比纯电和燃油汽车，氢能源汽车在高续航里程要求的环境下必将得到广泛的应用。而氢能源汽车与纯电动汽车在技术路线上有着相似的电池和电驱动系统，氢燃料电池堆本身是可以作为混动增程器存在的，由氢能源电池堆发电将电能提供到电池组，由电机驱动车辆行驶。氢能源汽车由于有自备发电机的特点，自身也具备了以新能源提供电力解决方案的能力。例如，灾害发生时受灾区域断电，由氢能源车组成的救灾车队除了运送物资外，在到达受灾断电区域后还可以立刻组网发电，同时氢能源发电排放的水也可以救急。氢能源汽车由于自身的特点，在远途出行、物流运输、灾害救援方面有着先天的优势，更适用于替代柴油中重型卡车的城际干线物流和长途客运领域。沿着国道、高速路、公交场、物流园部署加氢站有希望最先实现大范围的应用。

新能源发展的路由器

智能汽车商用化已经开始落地，但能源补给的方式需要有突破性的进展。目前，整个产业链分散，系统协同性进展也较慢。智能汽车商业化运营主要的成本来自于能源，能源约占整个运营成本的1/3，但目前充电桩、加氢站的建设和维护方式跟不上商业化的发展，亟须解决新能源补给的问题。智能汽车的商业化可区分为出行和货运两类，出行服务的智能汽车涉及车辆清洁、维修、保养，检测等诸多环节，需要按区域、按车队进行统一集中式管理，在管理的场端统一集中能源管理充电成为必然选择。就像勤劳的小蜜蜂回归蜂巢一样，智能汽车深夜回归运营场站后补充能源，天亮再次出发为人们提供出行移动服务。智能汽车物流运输上，主要分城际干线和城配支线物流。一般一个标准集装箱式货车装卸货过程需要一个小时左右，从整个物流配送货的时间和效率来看，利用智能汽车与物流仓对接装卸货期间进行能源补给的效率最高。依托运营环境做集中式的管理和能源补给成为未来智能汽车发展的核心问题。

我国原油进口量已达4亿6000多万吨，成品油销售3.22亿吨。对外依赖程度过高，原油产地和运输线面临地缘政治、军事冲突等诸多风险，能源安全是我国必须面对和解决的问题。随着智能汽车新能源的应用与发展，相关能源配套产业将通过数字化技术手段掌控万亿市场运行安全的数据，为能源安全运营提供基于海量大数据样本的参考，通过大数据信息匹配实现上万亿行业的运营管理。利用人工智能、移动互联网、大数据等技术手段打造能源新零售体系，培养能源使用者的节能意识，提高智能汽车能源补给的便捷性。智能汽车与能源产业深度整合，新能源和汽车产业链优质资源实现产业研发、示范、成果转化，带动相关产业实现收入增长。预计智能汽车与新能源相关产业产值可达万亿元之巨，为经济发展提供新的增长亮点，节能减排、能源多样化发展也解决了我国原油对外依赖度高和能源安全问题（图 5–6）。

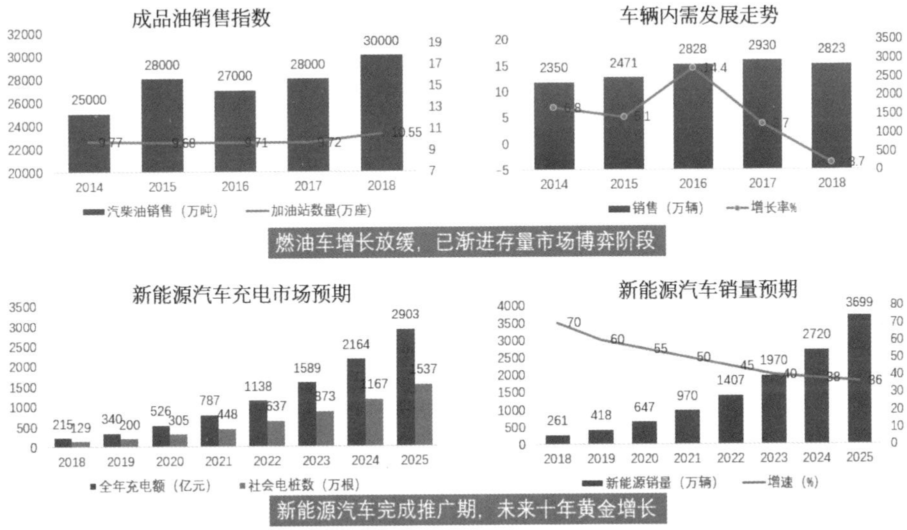

图 5–6　我国能源与汽车市场统计预测

智能汽车由于应用领域广泛，各种场景和需求导致能源补给的方式和需求多样化。这就需要在能源层面与智能汽车一样，运用网联化的技术手段实现能源的补给，其中以电力和氢能源为核心的新能源物联网是重要的承载体，也需要改变传统能源销售的方式，与智能汽车运营场景做深度整合，成为综合性的能源服务提供商。智能汽车所带来的新技术、新业态的发展应用也必然会促进能源物联网的发展，从能源的生产、传输、存储和消费全方位地与智能汽车的业态融合性发展。智能汽车商业化系列成果的转化将提高车辆新能源利用效率、促进节能减排、加强社会服务治理、便捷公众出行、提高商用车辆运营效率、降低商用车的使用成本。

第四节 5G 最大的应用场景：拱身破暗，锐不可当

2019 年 6 月 6 日，我国 5G 商用牌照正式发放，标志着我国正式进入 5G 商用时代。从 5G 开始，不再是带宽的提升扩容、网络延时的降低，而是通信方式革命性的技术转变和应用场景的拓展，相关技术的应用更多的是面向万物互联，实现人与人、物与人、物与物之间的连接。5G 为智能汽车、智慧路网、物联网的发展提供了强有力的通信基础的支撑，智能汽车及配套产业的发展为 5G 提供了最大的应用场景和终端。

智能汽车落地的必备条件

5G 有着大带宽、低延时、高并发的特点，带宽，链接数是现有 4G 的 100 倍，5G 自身的技术特点非常适用于智能汽车的实际应用，其技术应用范围非常广泛：V2V 车车通信、V2P 车人通信、V2R 车路通信、V2I 车与设施通信、V2C 车与云通信等各种 V2X 车与万物通信的场景。

安全的交通环境离不开设施的支持，5G 技术与交通设施的结合可为智能汽车提供超视距的安全和信息。智能汽车自身有毫米波、摄像头、激光雷达等诸多传感器，就像智能汽车的眼睛和耳朵一样时刻观察和倾听这个世界。与人的眼睛一样，智能汽车的眼睛也有视觉边界，也会受到环境影响和遮挡的限制。如果将这些传感器安装到道路的基础设施上，5G 技术与智能汽车通信将极大减少各种复杂环境的不良影响。智能汽车在道路行驶中难免会遇到前车遮挡突然刹车，自身的传感器系统由于受到前车的遮挡也很难判断交通状况，通过 5G 传输前车的传感器和交通道路设施上的数据到智能汽车上，可以为其提供自身车辆获取不到的数据信息，重新规划行驶路线。当通过交通路口和冲突路口时，交通基础设施基于交通流信息，通过 5G 网络规划每辆汽车的通过。从这些应用和实际意义上看，5G 网络可为智能汽车交通安全带来进一步的提升（图 5–7）。

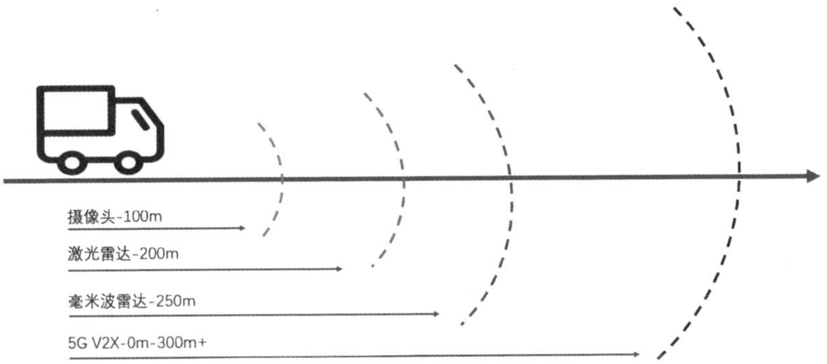

图 5-7　5G 覆盖适用距离非常广泛

5G 也为智能汽车的操控带来全新的变革，大量智能汽车运行在道路上，难以排除由于特定未训练过的场景和各种故障而“抛锚”。这就需要除了智能的车和智慧的路协同以外，也要具备远端的监控和操控能力。通过 5G 远程操控成为必然的选项，车载传感器实时地将车辆周围信息传输到车辆管理中心，由中心工作人员远程操控使车辆行驶到安全地带（图 5-8）。5G 对车辆的操控也体现在编队行驶方面，尤其是商用物流车领域，很多重型卡车都是加挂运行，卡车过长、体积过大、转向停车困难，带来运输的安全性问题。通过 5G 车联网编队，可以有效降低单车长度，带来车辆行驶操控安全性的提升。头车由驾驶员监控行驶，挂车由 5G 网联化编队和操控，从而提高运行效率和安全性，降低相关运输成本。

图 5-8　5G 远程监控中心

地图和数据更新的引擎

智能汽车的应用离不开地图的支持，手机上广泛应用的导航电子地图无法满足智能汽车对精度和操控信息的要求，需要用到由高精度的激光雷达、组合导航、高清摄像头采集数据制作的高精度地图，对比传统地图米级以上的精度误差，高精度地图可实现厘米级误差并包含道路高程和曲率信息。智能汽车所采集的数据需要与高精度地图信息进行比对确定所处的位置，做出行驶路线的规划。由于交通信息是变化的，高出精度地图的生成和分发需要实现地图的动态化。时刻变化的动态信息是智能汽车不可缺少的构成要素：交通限行道路施工和天气需要在一小时内完成更新；事故、拥堵、区域天气需要在一分钟内更新；周围的车辆信息和交通信号变化需要在 1 秒内更新。5G 对高精度地图技术应用和快速更新的支持，可实现地图的众包，在道路行驶中的智能汽车发现交通状况和变化后可实时将其更新到周围车辆和云端中心，这样形成地图更新的良性循环，极大降低了地图制作数据和更新的成本。

智能交通边缘云计算

智能汽车在自身和车路协同上需要处理大量的数据，数据的处理有属地化、区域化、路段化的特点，传统的云计算集中计算的处理方式难以适用于交通场景中分散、低延时的计算需求，边缘计算成可行的解决方案。边缘计算这种将计算节点部署在边缘的方式通常只有数台服务器组成，各类传感器和信息数据都是通过 5G 网络接入边缘计算平台完成各种信息和算法的处理。边缘云计算平台自身是独立的自治域，可独立提供一段路、一个区域提供所需的运算资源。中心云作为管理平台来控制边缘云，协调各种计算资源、安全策略、应用管理。智能汽车对 5G 通信网络下云计算的发展带来极大的调整，促进了边缘云计算平台的应用发展。智能汽车通过 5G 网络实时接入边缘云计算平台，由边缘云解决提供数据汇集和算法及算力的支撑。5G 网络和边缘计算的发展促进了智慧路网的建设，每条道路都是智慧的、云计算的、虚拟化的、数字化的（图 5–9）。

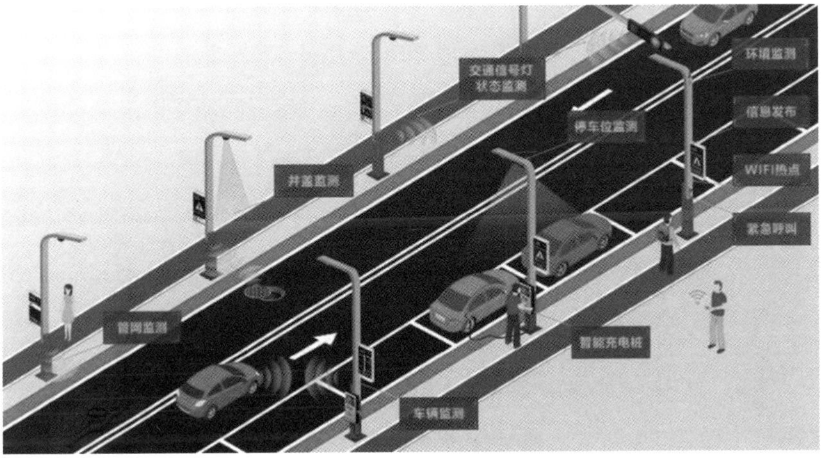

图 5–9　5G 智慧道路示意

智能汽车承载 5G 覆盖

智能汽车不仅仅是 5G 网络的使用者，也是 5G 网络覆盖的承载者。智能汽车在 5G 的覆盖方面承担了路由器的角色，而且是移动的路由器。5G 网络与智能汽车结合后，个人用户使用智能汽车时可以很方便地接入 5G 网络，实现 VR 远程办公，甚至像医生这样要应对紧急状况的职业在乘坐智能汽车之时起就已经可以通过 5G 网络远程医疗系统介入患者的手术当中，通过身份和车辆的甄别通过 5G 网络实时动态调度提高车辆的路权和通行优先级，一路畅通到达医院。5G 网络的发展离不开信号的覆盖，尤其是道路交通这样的高速场景对信号的覆盖要求很高。在道路无信号覆盖地区，可以通过道路中行驶的每辆智能汽车阶梯路由中继传递信号，解决信号传输和覆盖的问题。甚至可以在卫星通信与地面车辆间之间建立通信网络，通过智能汽车传递信息完成通信覆盖。

智能汽车的网络信息安全

随着汽车智能化、网联化程度的不断提高，汽车的信息安全问题日益严峻。信息篡改、病毒入侵等手段已成功被黑客应用于汽车攻击中，特别是近年来频发的汽车信息安全召回事件更是引发行业的高度关注。因此，智能网联汽车信息安全已经成为汽车产业甚至社会关注的焦点。

汽车的信息安全危机不仅能够导致驾乘人员隐私泄露、企业经济损失，还可能造成车毁人亡等严重后果。电影《速度与激情 8》中，恐怖组织对 3 千米内的所有车辆进行黑客入侵，包括正在路上行驶的、路边停靠的、立体停车库内的及商店待销售的汽车，让数百辆车进入远程控制状态，并且关闭了汽车的自动防碰撞功能。于是这些车辆排山倒海地涌上街头追逐目标车辆，速度一致、目标相同，好比“僵尸来袭”。虽然电影中描述的场景即使在未来都较为夸张，但也体现出保障数据和网络通信安全的重要性，必须防范系统被攻击或控制、重要资料被窃取、用户数据被篡改，甚至冒充合法用户对车辆进行控制等非法行为。

未来，智能网联汽车涉及的大数据源是多渠道的，包括了日常消费、工作、关注咨询与娱乐等方方面面的内容。2015 年，阿里巴巴和上海汽车合资成立了斑马智行，其核心模式是通过大数据融合打造车联网生态平台。斑马智行以汽车为终端，通过融合用户数据、车辆使用数据、阿里账号平台数据及斑马智行平台内所有第三方应用产生的数据，对用户进行深度画像，进行云端一体的分析计算，达到“服务找人”的功能。例如，某用户使用支付宝购买了 2 张电影票，车辆即会引导用户是否需要前往电影院的导航。假如看完电影后回去路上正好是晚餐时间，也会推荐附近好评率高或根据支付记录搜索用户常去的餐厅，推荐符合用户口味的菜品。斑马智行通过这些数据打造更适合用户的功能，同时功能使用又产生新的数据，进而形成完整的闭环。这种大数据应用在为我们带来便利的同时，对于公司与政府来说，面对海量数据的安全和隐私问题更是不小的挑战。

再进一步，智能网联汽车的信息安全将成为国家战略信息安全的重要课题。现阶段，为了安全运营与运行监管，我国已经建立了“两客一危”和新能源汽车数据监管平台；未来，随着车辆自动驾驶水平的不断提高，也会建立智能网联汽车安全监控云平台，将汽车运行过程中的安全数据传输、存储并加以分析，紧急情况下还要能够远程控制车辆。因此，要保障智能网联汽车管控中心的云平台避免被恶意威胁，除了需要病毒防护、中间件安全防护及访问控制外，还要高度重视数据安全防护问题。

智能汽车的发展融合了 5G 通信技术，实现车与万物的互联。人、车、路、云等多方面信息的交换、共享，其使用的环境极其复杂，网络安全性成为最令人担忧的问题。2016 年，在美国就已经出现针对道路上行驶的汽车的黑客入侵，一位司机自驾汽车行驶在洲际公路上，黑客操控汽车偏离了道路，所幸没有人员伤亡。我国腾讯科恩实验室和 360 车联网安全团队都曾在无物理接触的情况下，成功入侵过汽车。传统汽车并不联网，代码结构不用过多考虑漏洞问题，而智能汽车的车联网系统由于使用了目前互联网的计算和联网架构也延续了相关网络安全问题。

提高智能汽车网络安全势在必行。我国《国家车联网产业标注建设指南》中明确了车联网建设标注体系，也明确了信息安全的规范准则。智能汽车应用 5G 网络需要统一接入安全认证机制，进行身份上的区别以满足不同用户对安全的需求，从通信上采用切片安全隔离的技术，避免了本区域被其他区域访问。网络安全的迫切化需求在智能汽车设计和使用之初就要充分考虑各种安全的问题，严格做好备份机制和网络信息安全防护。由于智能汽车未来的广泛应用和场景的复杂多样，大量的应用从线下到了线上，极大增加了数据泄露的风险。未来，针对用户的隐私和数据安全成为必须面对的问题，需完善智能汽车数据的获取和隐私保护策略。

智能汽车为 5G 网络商用化提供了最大的商业化应用场景，通信方式的改变也促进了云计算业务的发展。智能汽车和 5G 网络的商用化，需要彼此在第一公里、中间一公里、最后一公里的业务层面全方位融合。5G 网络为智能汽车提供了更安全的保障，智能汽车为 5G 网络商用化提供了落地和应用保障。

第五节　商业化背后的伦理障碍：刹车——下次加速的开始

从汽车成为规模化产品至今的一百多年中，汽车外观、材料、动力源、燃料等发生了巨大的改变，车辆安全性、环保性、舒适性不断提升。然而，在这些新技术不断迭代更新的过程中，车辆始终不曾拥有“聪明大脑”，基础道路结构、人员驾驶规则、交通管理方式也鲜有变化。但近年来，随着汽车电子、互联网、5G 通信、人工智能等关键技术的突破，汽车变得越来越智能并具备定速巡航、自主泊车、自动紧急制动等辅助驾驶功能，甚至将来会出现机器替代人类驾驶汽车的情景。这种新的驾驶控制方式与旧的交通管理体系之间的冲突必然引发驾驶方式与交通管理的巨变，其中暴露出的伦理道德、法律法规、车辆监管的滞后性，甚至会制约自动驾驶技术与产业的发展。

举例来说，想象将来某天，从驾驶座位解放的乘客正在智能网联汽车上享受着路边的美景与车内的娱乐资讯，突然一辆在对向车道行驶的校车冲了过来。这时车辆已经没时间刹停，汽车面对以下 3 种选择：第一，紧急转向冲进树林，这样也许会救了校车和乘客，但可能会让乘客丧命；第二，紧急变道进入对向车道，但需要面对对向车道的未知路况和各种潜在的交通风险；第三，直接撞向校车，那样将发生重大交通事故。在日常驾驶中，这种极端情况很少会出现，也来不及评判“最为正确”的措施。不过，对于智能网联汽车而言，在设计之初就要针对各种特殊情况做出设定，避免届时无人驾驶系统的“手足无措”。随着世界各国加快自动驾驶在真实道路上的测试，不久的将来，这些假象很快就会变成现实。2018 年 3 月，Uber 无人驾驶汽车在道路测试中的致死事故也证实这些问题已经不再是停留在理论阶段的空想，而是具有非常现实的意义。

进一步想象，当无人驾驶车辆行驶到拥堵路口时，其如何与人类驾驶的车辆博弈通行？当智能网联汽车面对电车难题时，机器如何进行两难选择？当高度智能驾驶车与有人驾驶车辆发生撞击剐蹭时，谁来承担主要责任？是汽车制造商或者技术提供者，抑或算法设计师与规则制定者？当驾乘人员的隐私数据和国家地理交通等安全数据面临巨大风险时，政府如何来防御与监管？这些问题背后的伦理道德困境不是简单的数字运算可以解决的，未来无人化会给汽车与交通出行带来更加深刻、更加错综的伦理难题和矛盾。智能网联汽车技术以算法设计为前置，令原来由个人本能应对的不同路况和紧急状况充满了伦理难题。

无人驾驶中的伦理困境

过去，电车难题、隧道难题等伦理学领域的知名思想实验很难发生在现实生活当中，而近年来无人超市、无人机及无人驾驶汽车的出现，让这些教科书中的经典论题具备更加丰富的现实意义。

1967 年，菲利帕 · 福特发表的《堕胎问题和教条双重影响》中首次提到电车难题。电车难题是伦理学领域最为知名的思想实验之一，其内容大致为：一个疯子把 5 个无辜的人绑在电车轨道，一辆失控的电车朝他们驶来，并且片刻后就要碾压到他们。幸运的是，你可以拉一个拉杆，让电车开到另一条轨道上。然而问题在于，另一个电车轨道上也有一名无辜的人，你在解救那 5 个人的同时将导致这个无辜的人的死亡（图 5–10）。从功利主义者的观点来看，明显的选择应该是拉拉杆，拯救 5 个人而只杀死一个人，这是一道简单的算术题。但是功利主义的批判者认为，一旦拉了拉杆，你就要对另一条轨道上无辜人的牺牲负一定责任。

在自动驾驶技术发展中，不完备信息下的车辆决策结果有可能引发伦理争议，这是因为相比人类一刹那的判断，智能网联车辆的决定是预先设计并植入的，在程序设计过程中就要预置这种难题的解决方案，而这些解决方案背后的判定标准的设定也一定会受到颇多争议。然而，这种问题又是无法回避的，不

图 5–10　电车难题

然汽车在面临这种难题时便会不知所措。此外，如何推动社会公平享用自动驾驶资源，解决老龄人、残疾人等社会弱势群体的公平出行，也对智能网联汽车运营系统设计中的伦理问题提出了挑战。

隧道难题是电车难题的改版。你站在天桥上，看到有一台刹车损坏的电车。在轨道前方，有 5 个正在工作的人，但他们不清楚电车向他们冲来。一个体重很重的路人正站在你身边，你发现他巨大的体形与重量正好可以挡住电车，让电车出轨，避免撞上那 5 个工人。你是否应该动手，把这个很胖的路人从天桥上推落，以拯救那 5 个工人，还是应该坐视电车撞上那 5 个工人？

在现有交通规则体系下，智能网联汽车也会面临大量“简化的”电车难题和隧道难题。例如，一个与以上难题类似的两难情况是，两名摩托车驾驶员各自行驶，一名根据交通法规佩戴安全头盔，另一名没有任何戴头盔，当智能网联汽车在紧急情况下无可避免地要撞向一个车手时，从功利角度应该撞戴头盔的车手，因为头盔的保护使他相对安全，但这样的决策导致的结果是：遵守交通规则的摩托车手不得不面对更大的道路安全风险，而不遵守规则的人则钻了算法的漏洞。在实际道路中也会面对诸多类似的情况，如未走斑马线的行人、横跨护栏的行人、闯红灯的车辆等，都是智能网联汽车将面临选择的困境，这些选择背后的判断标准也要经受社会伦理的审判。

除了电车难题和隧道难题，智能网联汽车可能还会遇到颇多窘境，解决起来也着实困难。例如，智能网联汽车在路上行驶时发现路两边有两批行人，一批人数多，而另一批则只有一人，这时它是否应该给人数更多的那拨行人留下更多安全空间？如果这样做了，是否会增加那位单独行人被撞的概率？智能网联汽车是否应该学习人类驾驶员，在大卡车驶过时主动让出更多空间？这样会不会增加自己撞到另一边车道上车辆或行人的可能？如果智能网联汽车的法则里就没有"撞击行人"这个词，那么一旦有人要自杀（主动撞车），车辆是否会因不知所测而失控？如果一只狗突然冲了出来，或者麋鹿、松鼠之类，智能网联汽车是会直接撞过去还是加速或刹车躲避？这样是不是就会增加撞到其他车辆的可能性？如果智能网联汽车智能到会躲避交通事故和拥堵，它们是否会蜂拥进入宁静的社区，如果真是这样，又会给在社区奔跑嬉戏的孩子们带来危险，而噪声变大的社区房地产价值也会随之缩水。

电车难题、隧道难题及隐私权问题等都是智能网联汽车在无人状态下产生的伦理困境，这些问题在有人驾驶汽车中并未涉及，这种变革的根本在于汽车具备了自主智能，而这类"聪明的车"还有可能导致更多的深层次难题。智能网联车辆依靠先进的计算处理平台和人工智能技术很快会拥有"聪明大脑"，并有望替代人类驾驶员。然而，就像任何无人系统一样，无人驾驶汽车也会面临诸多困境，而且由于汽车和交通是人工智能与实体经济最大的结合点，因此，面临的社会问题、伦理矛盾势必会更加深刻。

个人隐私权的安全保障

技术进步在提供更加方便的出行的同时，驾乘人员也会面临隐私权完全暴露和信息安全的风险。借助 GPS 信号和行车记录仪，现在车辆虽然会将自身的位置和前向影像信息提供出来，但受制于数据传输速度和带宽，以上信息无法实时传输，也就降低了大量隐私内容的暴露。但在将来，5G 网络和车联网技术的成熟将加速暴露私有信息的速度。

对隐私权的保护需要长期关注与加强管理，针对这些问题，美国国家公立交通安全管理局发布的《汽车最佳网络安全指南》里明确指出“防止汽车接入未授权的网络，保护关键安全系统和个人数据”。美国《自动驾驶法案》要求厂商必须制订隐私保护计划，包括对车主及乘客信息的搜集、保存、使用等方面的保护措施。同时，联邦交易委员会也展开了一项研究，以确认哪些参与方将会获得车主或者乘客的隐私信息、哪些信息可以公开、可以对隐私信息进行哪些处理等。欧盟也制定世界上最严格的数据保护条例《一般数据保护条例》，为全球个人隐私数据保护树立新标杆。

中国也在这方面开展大量工作，未来智能网联车辆要安装智能终端，将运行数据与信息上传到云端的监管平台，这就意味着智能网联汽车的一举一动都有可能被监控起来。未来，我国将发挥体制优势，建立起集车内系统、基础设施、车辆使用与相关数据于一体的国家智能网联汽车大数据云控基础平台，打造智能网联汽车的“云大脑”，建立起汽车信息安全测试、评价和认证服务平台，构建汽车信息安全漏洞库，形成汽车信息安全统一的监控与管理平台，以及快速应急响应机制。与此同时，智能网联汽车要面临最为严苛的监管体系，有关部门正在建立健全从智能网联汽车生产制造、注册入网、联网运行、服务业态到道路设施建设全过程安全管理体系，增强智能网联汽车网络信息系统安全防护能力。在保护人身安全和个人隐私的同时，维护公共安全和国家利益。

民事责任的转移

科技创新尤其新一代人工智能技术引发的责任主体的多元化、因果关系的复杂化将导致将来交通事故侵权责任类型多样化，民事责任判定更加复杂。涉及智能网联汽车事故的民事责任归属可能是对方原因、汽车硬件缺陷、程序系统故障、所有人或管理者未尽责等，其中，程序系统故障又有系统自身运行错误和第三方入侵两种情况。2016年，谷歌无人驾驶汽车与一辆公交大巴发生摩擦，就引发了对无人驾驶系统牵涉责任主体界定的争议。今后，无人系统的自主性不断提升，将对传统法律体系产生巨大的冲击和颠覆。

按照智能化水平区分，L3级以下的智能网联汽车虽然拥有防碰撞、车辆跟随、自动泊车等辅助驾驶功能，但仍以人类驾驶为主。即便驾驶员启动辅助驾驶功能，也不能脱离对车辆的监控，驾驶员不会完全依赖于智能驾驶系统。因此，目前较为普及的辅助驾驶所采用的机动车交通事故民事责任认定方法与现存管理办法并无区别。现阶段，车企通过与用户签订免责条款，来避免辅助驾驶过程产生的事故责任争议问题。

然而，当迎来L3级以上的自动驾驶时，人类将车辆控制权让位于机器，安全驾驶的责任变得不再清晰。技术方案研发商提供自动驾驶解决技术、车辆制造商生产智能网联车辆、交通管理部门发布动态交通信息，还要算上驾驶员、其他事故参与人员等责任方，这种情况下要清晰地判断出交通事故的责任方显得更加困难。自动驾驶技术的变革并未动摇机动车责任的划分原则，但自动驾驶系统的应用使汽车制造商或者技术提供商具备了驾驶人的属性，这种生产者的产品责任有替代机动车责任的趋势，并与我国现行机动车交通责任认定、强制保险等发生矛盾，所属的监管部门之间也出现了管理交集，面对这些智能网联汽车发展所面临的更加实际的问题，需要积极开展前瞻性法律研究来进行预判。

作为汽车强国的德国于2017年5月颁布了《自动驾驶汽车法》，成为世界首部规范自动驾驶车辆的法律文件，尝试做出民事事故责任划分。该法律规定自动驾驶车辆需要安装黑匣子装置，记录车辆运行情况以明确交通事故责任。事故发生在人工驾驶阶段的由驾驶人承担责任，发生在智能系统运行阶段或者系统失控状态下的由汽车制造商承担责任。另一个汽车强国日本在2018年3月由国土交通省发布《自动驾驶相关制度整备大纲》，并规定原则上由车辆所有者承担赔偿责任，将自动驾驶汽车与普通汽车同样对待；对外部黑客入侵汽车系统导致的事故，损害由政府赔偿。

社会就业的转化

人工智能时代背景下，无人技术的应用涉及领域更加宽泛，将导致原有就业岗位和就业人数骤减，对出租客运、长途货运、环卫、路面保养等岗位的影响可能来得更加迅速、更加猛烈。自动驾驶对于高速运输业来说可以减少重大交通事故、降低司机的工作强度。在美国，约有180万名卡车司机从事着长途运输的工作，然而，2017年7月美国卡车司机工会却成功游说美国国会，减缓各州智能网联汽车普及的立法进程，希望保护这一类巨大的、收入颇丰的蓝领司机群体。也许工会能够暂缓自动驾驶取代货车司机的速度，而相比司机每日仅能工作10小时而言，智能网联汽车可以做到24小时不停歇工作，且运输成本更低廉，因此将来货物运输或者出租客运成本将有望大幅降低，自动驾驶的趋势是无法阻挡的。

很多人担心机器人及数字助手将取代绝大多数的蓝领和白领阶层，并将导致收入不平等状况恶化，大量人群因失业而造成社会秩序失控。针对这一担心，航空业的自动驾驶对于汽车智能化发展颇具借鉴意义。在航空自动驾驶发展的初期，许多飞行员担心自动驾驶功能会取代他们，而如今，驾驶舱内部的自动驾驶系统异常复杂，飞机的运营效率和安全性大幅提高，在这个过程中驾驶员非但没有被替代，反而因为能熟练操作复杂系统、懂得排除各种故障而成为高收入阶层。因此，航空自动驾驶的实现最终没有引发大的社会问题，同时也说明了由纯人工操作的运输模式转变为人类和机器协同控制的操作模式可以显著提高安全性，同时将混沌境况降到最低。

人工智能是影响面很广的颠覆性技术，除了可能引发民事责任复杂化、信息安全隐患和就业结构改变等问题，还可能会冲击法律与社会伦理、暴露个人隐私、挑战国际关系准则，将对政府管理、经济安全、社会稳定乃至全球治理产生深远影响。因此，伴随着技术的不断成熟，在大力发展人工智能的同时，应该更早地解决智能网联汽车的伦理困境，要高度重视可能带来的安全风险挑